北京市教育学会"十二五"教育科研立项课题
"主题活动背景下提高幼儿园美术教育质量的实践研究"成果

幼儿自主探究美术主题活动案例精选

裴金凤　安　平　主编

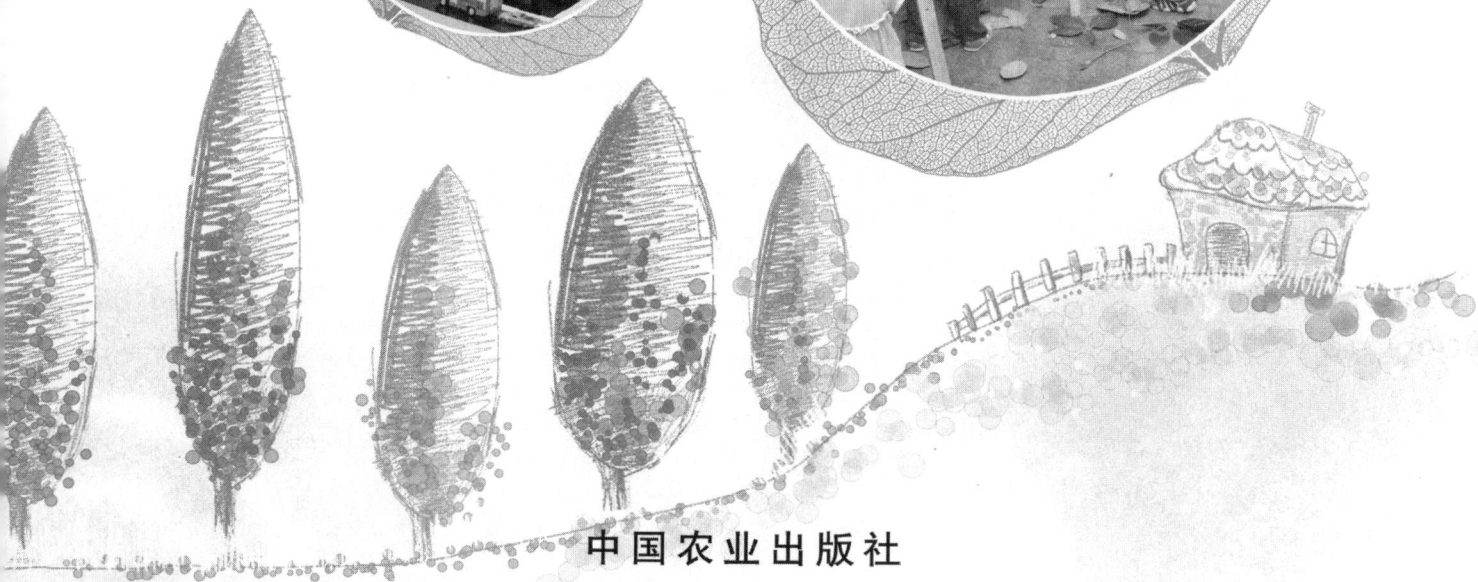

中国农业出版社

图书在版编目（CIP）数据

幼儿自主探究美术主题活动案例精选/裴金凤，安平主编 . —北京：中国农业出版社，2015.6（2016.6 重印）
　ISBN 978-7-109-20555-0

　Ⅰ.①幼…　Ⅱ.①裴…②安…　Ⅲ.①美术课—教案（教育）—学前教育　Ⅳ.①G613.6

中国版本图书馆 CIP 数据核字（2015）第 115940 号

中国农业出版社出版
（北京市朝阳区麦子店街 18 号楼）
（邮政编码 100125）
责任编辑　孙利平

中国农业出版社印刷厂印刷　新华书店北京发行所发行
2015 年 11 月第 1 版　2016 年 6 月北京第 2 次印刷

开本：889mm×1194mm 1/16　印张：16
字数：384 千字
定价：58.00 元
（凡本版图书出现印刷、装订错误，请向出版社发行部调换）

编 委 会

主　　编：裴金凤　安平
副 主 编（以姓氏笔画为序）：

　　　　　刘晶晶　张　倩　谷媛媛　李国华
　　　　　范　稳　崔　悦　郭建超　燕　京
编写人员（以姓氏笔画为序）：

　　　　　马海洋　王雨珊　王　炜　王雅君
　　　　　尤梦涵　石向楠　安　平　刘晶晶
　　　　　张　倩　张　卫　谷媛媛　李国华
　　　　　李　莉　李　妍　李　辉　肖　静
　　　　　范　稳　岳　静　姜　哲　崔　悦
　　　　　郭建超　曹如意　蔡雅婷　蔡荣军
　　　　　燕　京

　　主题活动是以一个主题为线索，围绕主题进行活动与交流，以幼儿生活为轴心、以游戏和活动为主要形式、以幼儿自主探究学习为主的综合性、活动性的活动。

　　围绕各种材料开展的主题活动注重融合，将幼儿的生活、经验、兴趣、需要以及对美术修养的培养进行融合。

　　首先，教师观察幼儿，知道他们喜欢什么、需要什么。

　　鼓励教师在生活、游戏中客观、真实地观察和了解幼儿，继而对观察记录和收集到的相关信息进行分析和评估。从教师的百余篇观察记录中，我们不仅看到了《3～6岁儿童学习与发展指南》（以下简称《指南》）中列出的一些幼儿典型表现，如喜欢涂涂画画、粘粘贴贴，乐在其中；喜欢用绘画、捏泥、手工制作等方式表现自己的所见、所想；喜欢用多种工具、材料表达自己的感受和想象等，而且还进行了一些补充，如幼儿喜欢摆弄材料；喜欢看绘本，对画面感兴趣；乐于捡拾落叶、花瓣等；喜欢色彩，尤其喜欢鲜艳明亮的色彩，个体差异比较明显等。

　　第二，支持幼儿喜欢的，让他们做自己喜欢做的事情。

　　幼儿喜欢摆弄美术材料、乐于捡拾落叶和花瓣等是有原因的。《幼儿园教育指导纲要（试行）》（以下简称《纲要》）中就说到"幼儿有着与生俱来的好奇心和探究欲望，他们是勇于实践的探索者。他们对周围世界的认识主要是通过多种感官，进行探索和实践活动实现的。他们对物质世界的认识必须以具体的事物和材料为中介，在很大程度上依赖于对物体的直接操作。幼儿正是在与周围世界相互作用的过程中获得了各方面的知识和经验。"《指南》与《纲要》一致说明要"最大限度地支持和满足幼儿通过直接感知、实际操作和亲身体验获取经验的需要"。更是有人将美术定义为"一门必须通过物质媒介来传达观念和情绪的艺术"，将"幼儿美术教育称为'操作教育'"，认为"没有操作就谈不上美术教育，而且幼儿愉悦性、体验性和技能习得都是在操作中获得的"。由此可见，材料的运用是至关重要的。

　　以幼儿在生活中发现的、喜欢的各种物品作为美术游戏的创作材料。幼儿和教师共同对这些材料多方位感知后，进行发散式联想，将想象出的形象用美术的多种形式进行

表现和创造。作品可以当作幼儿各种游戏中的玩具，使快乐得到延伸。

第三，注重幼儿与教师双主体作用的发挥。

在主题活动中，教师与幼儿都是活动的主体，幼儿的学决定着教师的教，教师的教引导着幼儿的学。在每一个主题活动中，幼儿的年龄特点、兴趣、需要都是活动开展的前提，材料就来源于幼儿的发现和喜好。开始时，教师通过开例会先行感知材料并游戏。之后，给予每一位幼儿充分观察和感知的机会，让他们从不同角度获得信息，加深对材料的认识和把握。然后，教师和幼儿一起讨论、绘制"游宝图"，开展游戏。在游戏过程中，教师要和幼儿积极互动，把幼儿和教师在游戏中临时生成的好想法加入进去，使游戏始终成为幼儿自愿、自由、自主的活动，使活动名副其实地成为幼儿的游戏。

例如，"巧变的拖鞋"主题活动，幼儿将拖鞋想象成火车的轨道、蝴蝶的翅膀以及盖起高高楼房的砖头。于是，幼儿动手操作，摆上火车道、"绘制"起蝴蝶、搭起大楼房。这样的美术活动非常自然，消除了只有在纸上才能创作、只有用专业的美术材料才能创作、只有作品摆放好并展示出来才叫创作的几个"怪现象"。

由此可以看出，真正的主题活动是幼儿快乐的、发展的平台，是师幼共同成长的平台。

编　者
2015 年 4 月

目 录

前言

第一章　小班主题

第二章　中班主题

第三章 大班主题

第一章　小班主题

一、好玩的色彩

主题名称

好玩的色彩

主题由来

鲜明、饱满的色彩总是令人陶醉，而孩子们更是喜欢。只要有颜色出现，就能吸引孩子的眼球，同时也会引发他们玩颜色的冲动。细细回想，每个有孩子的家庭中，无论是沙发、衣服、墙面、地面是否都会留下他们用色彩涂鸦的痕迹。也许这种情况出现时，会令我们成人恼怒和无奈，但那就是孩子，他们天生的本性，我们为何不以此为契机，让他们和色彩亲密接触，让他们愉快地和色彩游戏。因此，我们生成了此次主题——好玩的色彩。

主题前例会

第一部分：班级教师集体备课——先行玩起来

教师1：图形拓印、玩具拓印、蔬菜拓印、滚珠画、皮球滚画、刀叉画、吹画、泡沫画、气球沾画、喷画。

教师2：我看到漂亮的颜色，就想用刷子把我喜欢的地面刷满颜色。

教师3：我一看到喜欢的颜色，心情就特别好，喜欢用相机或画笔记录下来。

教师4：我一看到好看的颜色，就会想到大自然中许多好看的事物，比如：我喜欢红色，就会想到太阳、我喜欢吃的红苹果等。

教师5：我一看到好看颜色的材料，就喜欢用手摸一摸，然后用它来画画。

第二部分：和幼儿、家长共同来讨论，编织"游宝图"（即"主题网络图"）

第一步：幼儿摆弄、操作材料

幼儿1：我喜欢蓝颜色，我的衣服就是蓝颜色的。

幼儿2：我也喜欢蓝色，我衣服上有蓝条条。

幼儿3：我喜欢红色的，我的玩具都是红色的。

幼儿4：我喜欢黄颜色，我喜欢吃香蕉。

幼儿5：我喜欢红色的，妈妈给我买了好多红发卡。

第二步：共同讨论

通过讨论，我们将玩色的游戏按不同的玩法进行了分类：

1. 印（用生活中的物品如瓶子、玩具等印图形，制作拓印画）

2. 滴（流淌画）

3. 蘸（气球画、刷子画）

4. 刮（刀叉画）

5. 滚（气球滚画、滚珠画）

手指印画 ⟹ 瓶子印画 ⟹ 流淌画 ⟹ 气球画 ⟹ 刀叉画

第三部分：班级教师集体备课——可利用的资源

1. 主题相关的背景知识

2. 儿歌、故事、歌曲等相关资料

3. 家长、社会资源

帮助幼儿收集生活中的瓶子、玩具，以及红、黄、蓝色的物品进行欣赏。

主题目标

幼儿所能获得的

1. 喜欢玩颜色。

2. 喜欢在不同的地方绘画。

3. 认识红、黄、蓝三原色。

4. 尝试用不同的材料拓印、绘画。

5. 能够根据玩具的颜色，进行拼摆、连接。

6. 能够用语言说出自己所看到的颜色。

7. 学习利用日常小物件印制，开拓幼儿利用材料的思路。

8. 欣赏由不同材料和技法综合创作出的作品，扩展幼儿美术欣赏趣味。

教师所能获得的

1. 结合幼儿的年龄特点，选择适合幼儿操作的游戏材料。

2. 从幼儿操作中的表现，感受幼儿对玩颜色活动的兴趣和热情。

3. 更好地了解本班幼儿对美术技法的运用和对颜色认知的掌握程度。

家长所能获得的

1. 了解班级主题活动内容，并积极配合。

2. 在日常生活中，注重引导幼儿观察身边的景物。

3. 通过沟通，了解幼儿的美术形式。

主题进行

游戏一

游戏名称：手掌印画

物质准备：白纸、三原色颜料及颜料盘、幼儿围裙、套袖、潮湿的手工布

创作过程：

手掌能印画，真好玩！

我们在玩手掌印画。

作品展示：

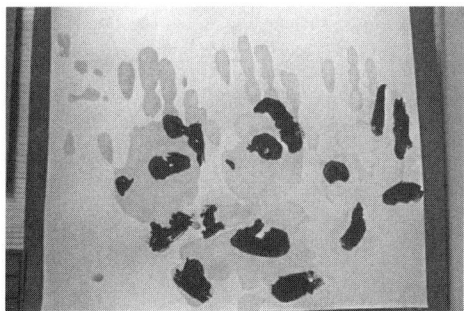

我印了三只小黄狗，好看吧！

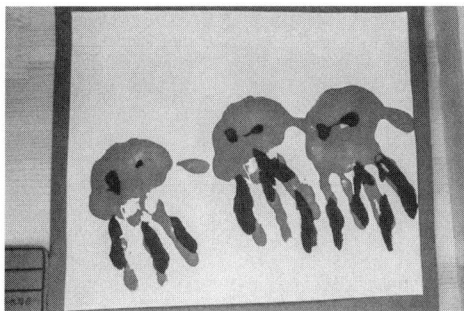

瞧！我的三只小水母在游泳！

活动反思

第一步：执教老师反思

在开展主题活动之前，我们始终把小班幼儿年龄、发展特点放在首位，遵循《纲要》的要求，注重幼儿自我能力的培养。在美术活动中，主要体现了以下两个方面。

1. 给幼儿多种材料，为幼儿自主活动创造条件。

在美术活动中，就"拓印"这个活动，我们选择了先让其用自己的小手去感知颜色的变化，通过手掌印画让幼儿更好地了解自己小手的形状，从而更好地掌握颜料的浓淡变化。

2. 根据幼儿自身的能力，引导幼儿尝试更多种形式的美术创作。

如在小手掌印上进行添画，体验多种材料的美术创作，继而丰富幼儿的创作和联想能力，更好地促进幼儿对生活中美好事物的观察。

不足：

应更好地引导幼儿清洗手部颜料；鼓励幼儿进行自主添画活动。

第二步：班级教师沟通

教师1：我觉得幼儿已经掌握对颜色的认知，并且能控制好颜料的浓淡变化。

教师2：幼儿也已经对创作有了初步的认识，并且喜爱创作。

教师3：我觉得我们应该给幼儿更多的材料进行创作，如：用瓶子底部进行颜料拓印。

教师4：我觉得不同瓶子的底部拓印出的形状也会不一样，能使幼儿更好地发现生活中的创作美。

游戏二

游戏名称：瓶子印画

物质准备：围裙、套袖、三原色颜料及颜料盘、大画布、画纸、幼儿搜集的瓶子（大的、小的；有棱的、没棱的；底部是圆的、方的等）

创作过程：

我的瓶子真神奇啊！

瞧！我的好看吗？

作品展示：

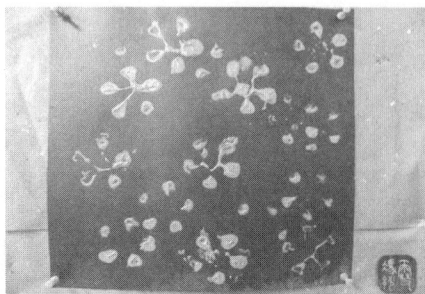

漂亮的小红花都开了！

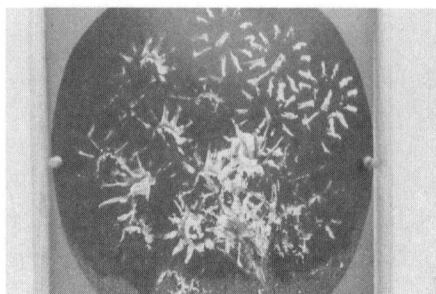

看！漂亮的烟花！

活动反思

第一步：执教老师反思

游戏是小班教学的主要活动形式。因此我们在组织美术活动时，尽可能地选择来源于生活中的东西，如瓶底拓印。

活动目的为以下两点。

1. 喜欢和老师、小朋友一起拓印，感受色彩的乐趣。

幼儿通过瓶底拓印能更好地观察不同形状拓印出的效果，进而更好地感受色彩的变化。

2. 熟悉拓印，感受拓印时的力度。

活动中，幼儿能更好地感受到不同力度拓印出来的效果差异，也锻炼了幼儿手部肌肉的发育。

不足：

对个别能力较弱的幼儿分别指导，鼓励其更好地利用材料进行创作。

第二步：班级教师沟通

教师1：幼儿已经体验到了拓印的乐趣，同时也丰富了幼儿的欣赏趣味。

教师2：幼儿已经有了能尝试印出所构思形象的能力。

教师3：幼儿对拓印已经有了很好的实践能力，并且能很好地感知颜色。

教师4：我觉得能否让幼儿体会颜色的变化，比如这两次我们所用的都是固体的颜料，能不能通过流淌的色彩让幼儿更好地感知配色这一过程呢？

游戏三

游戏名称：顽皮的小水滴

物质准备：一次性纸碗、三原色颜料及颜料桶、滴管

创作过程：

这么多漂亮的小水滴，真好玩！

呀！我的小水滴会转圈圈！

作品展示：

绿色的大草丛里有很多小花。

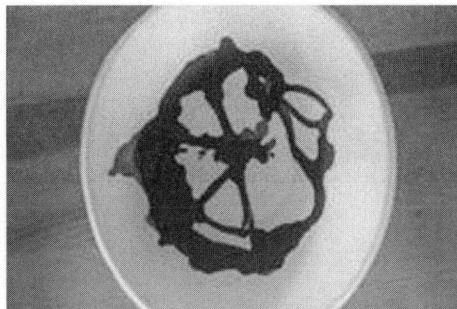

红色的大河

活动反思

第一步：执教老师反思

通过前两次的活动，幼儿很好地认识了三原色，并且也初步掌握了拓印的方法。为了使幼儿更好地感知颜料的混色，这回我们选择了流动的颜料。

1. 提供多种作画工具，供幼儿进行创作

用纸进行创作最好先把纸简单地裁剪成圆形，放入一次性纸碗的碗底或者酸奶盒的底部，这样既防止了幼儿在摇晃的过程中，颜料流到纸的外面去，也能使幼儿更好地发现生活中用于创作的工具。

2. 关于混色

活动中继续使用三原色颜料，经过幼儿的摇动使颜色进行混合，进而得到新的颜色，丰富了幼儿对颜色的认知。

不足：只使用 A4 纸，通过摇晃纸张使颜料水流动，容易使颜料流到纸张外面，滴到桌面或地面等其他地方，因为幼儿不能很好地掌握力度。

第二步：班级教师沟通

教师 1：咱们班的幼儿已经能很好地认知三原色了。

教师 2：幼儿对三原色混合后的颜色也能很好地进行辨别。

教师 3：是不是可以用混合后的颜色来进行创作？

教师 4：还是用拓印的方法来进行吧！一是幼儿熟知拓印的方法，二是幼儿能从拓印中更好地进行色彩搭配。

游戏四

游戏名称：气球画

物质准备：红色、黄色、绿色、紫色、蓝色颜料、画纸、大方盒、围裙、抹布、气球、气球卡子

创作过程：

看！我的大气球在画大海呢！

哇！我和气球做游戏，真好玩啊！

作品展示：

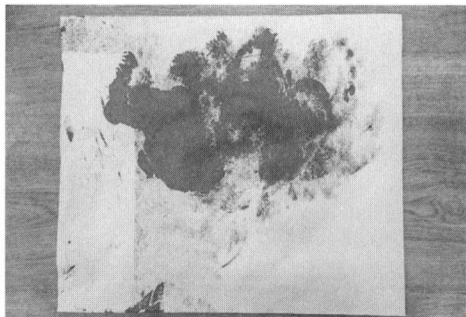

看！我用气球印的大云彩！

瞧！我用气球印的大红花！

活动反思

第一步：执教老师反思

此次活动中幼儿已经很好地掌握了拓印的方法，这节活动的重点是感知非三原色色彩的鲜艳和美丽，更好地完善拓印画的方法。

由于幼儿对手臂力量控制得还不是很好，对球体拓印的操作也是第一次，所以拓印出来的作品效果不是很好。教师可以对能力较差的幼儿帮忙，但不能过于包办，还应鼓励幼儿自己去尝试进行创作。本班幼儿比较喜欢拓印，对新鲜材料的兴趣度也很高。从这节活动课中我发现幼儿还是很喜欢尝试使用新奇的材料进行作画。

第二步：班级教师沟通

教师1：幼儿现在看见颜色就能够很好地联想到生活中的各种事物。

教师2：幼儿对拓印已经有了浓厚的兴趣。

教师3：本班幼儿已经对色彩的掌握和材料的运用，有了一定的基础。

教师4：我觉得还应该利用更多生活中的材料，让幼儿进行创作，并给予支持。

游戏五

游戏名称：刀叉画

物质准备：围裙、一次性刀叉、8开彩色卡纸、调好的三原色颜料

创作过程：

瞧！我们在用刀叉画画呢！

哇！用刀叉也能画画呀！

作品展示：

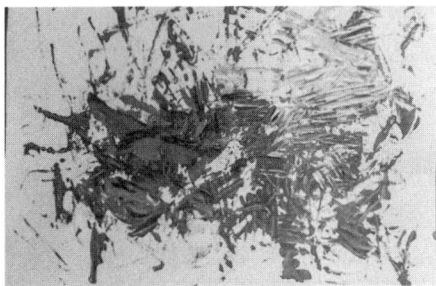

叉子"沙沙沙"。

呼！刮起了龙卷风！

活动反思

第一步：执教老师反思

幼儿已经能很好地利用现成的形状创造复杂的图形，本班幼儿现在也能很好地利用日常小物件进行拓印，幼儿从中开阔了视野和对材料利用的思路。

此次活动本班幼儿基本可以利用小物件自由地印出各种印迹，并且享受"印"带来的痕迹变化，

从而能欣赏印迹的美丽。

幼儿也出现了初步的自主混色现象，也能很好地辨认其颜色。

不足：发给幼儿的颜料不宜过多，因为此阶段的幼儿还不能很好地掌握颜料多少的运用。不应过分局限在幼儿作品的好与不好中，应更多关注幼儿得到的美术技巧。

第二步：班级教师沟通

教师1：我觉得咱们班的幼儿已经很好地掌握了三原色和基础配色的能力。下面我们应该更好地培养幼儿的绘画技巧。

教师2：咱们班幼儿通过这一学期的活动，已经对美术有了很浓厚的兴趣和爱好，为接下来的学习做了很好地铺垫。

教师3：咱们班幼儿对"拓印"这一项技能有了很浓厚的兴趣，我也觉得下学期我们可以就此来进行更多的美术技巧培训，不应停留在幼儿画得"像"与"不像"上。

教师4：对于咱们班幼儿还应多增加小物件和颜料的种类，让幼儿从中获得不同物体拓印出来的图案不同、混合颜料玩配色游戏等直接经验。

主题总结

1. 幼儿

幼儿通过本次主题，认识了三原色，并尝试使用各种材料玩三原色。在生活中游戏的时候，幼儿看见了三原色时会主动说出它们的名称。幼儿能辨认简单混色后的颜色，并掌握用手掌、各种小物件拓印的简单技能，从中享受和欣赏印记的美丽。欣赏和能创作由不同材料和技法综合创作的作品，拓展幼儿的欣赏趣味。

2. 教师

通过此次活动让我们注意到幼儿在美术方面的年龄特点，在设计活动的时候，更能够从幼儿的角度思考。在幼儿进行创作过程中，应多进行鼓励、支持，使幼儿对美术的兴趣得以加深。

3. 家长

家长通过全程参与此次活动，能够清楚地知道我们主题是在做什么，更愿意配合教师完成任务工作，也可以跟幼儿一起进行简单的操作，既增进了幼儿的审美和美术技巧的运用，又是一个很好的亲子活动。

二、秋天的蔬菜

主题名称

秋天的蔬菜

主题由来

秋天是一个收获的季节，许多蔬菜和水果都成熟了。一天，一名幼儿见到我就说："老师，我昨天和爸爸、妈妈去摘苹果了，好多的苹果啊!"另一名幼儿听到后也说："我也帮奶奶摘黄瓜来着。"大家你一言、我一语，都在议论着秋天采摘水果和蔬菜的事情。突然，一名幼儿说："咱们要多吃蔬菜，我妈妈说秋天天气干，容易上火。"其他小朋友也跟着附和道："对，对。我就上火了!"于是开展了"秋天的蔬菜"这一主题活动。

主题前例会

第一部分：班级教师集体备课——先行玩起来

教师 1：咱们的主题是秋天的蔬菜，可以怎么开展活动?

教师 2：咱们可以先让孩子们知道秋天都有哪些蔬菜?

教师 3：让他们收集一些来。

教师 4：收集后可以摆一摆蔬菜。

教师 5：可以用多种工具材料装饰蔬菜。

教师 6：引导孩子喜欢吃蔬菜。

教师 7：还可以掏南瓜子，体验劳动的快乐。

第二部分：和幼儿、家长共同来讨论，编织"游宝图"（即"主题网络图"）

 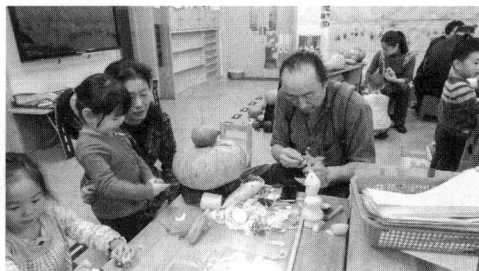

小萝卜娃娃　　　　　　　　　　　　南瓜大蛋糕

幼儿与家长一起摆弄、操作材料

问题：请大家根据现有的蔬菜想一想，能做些什么?可以玩哪些好玩的游戏?

家长 1：给萝卜美容或者是蔬菜拼摆。

家长 2：可以用近似的蔬菜制作，例如菜花可以制作羊。

家长 3：在蔬菜上画表情，制作各种蔬菜娃娃。

家长 4：做成各种好吃的，然后拼摆出来。

幼儿 1：可以吃蔬菜火锅。

家长 5：多给他们提供一些材料，让他们借物造型。

家长 6：用橡皮泥捏出蔬菜的相应造型。

幼儿 2：在纸上画。

幼儿 3：剪纸粘贴。

家长 7：可以给孩子们讲一些关于蔬菜的故事。

买蔬菜（亲子）——给萝卜美容——可爱的小羊——蔬菜娃娃——百变蔬菜——捏蔬菜

第三部分：班级教师集体备课——可利用的资源

1. 秋天是收获的季节，许多蔬菜都成熟了，如南瓜、土豆、豆角、茄子等。

2. 家长、社会资源：家长和幼儿一起收集秋天的蔬菜，带到幼儿园。

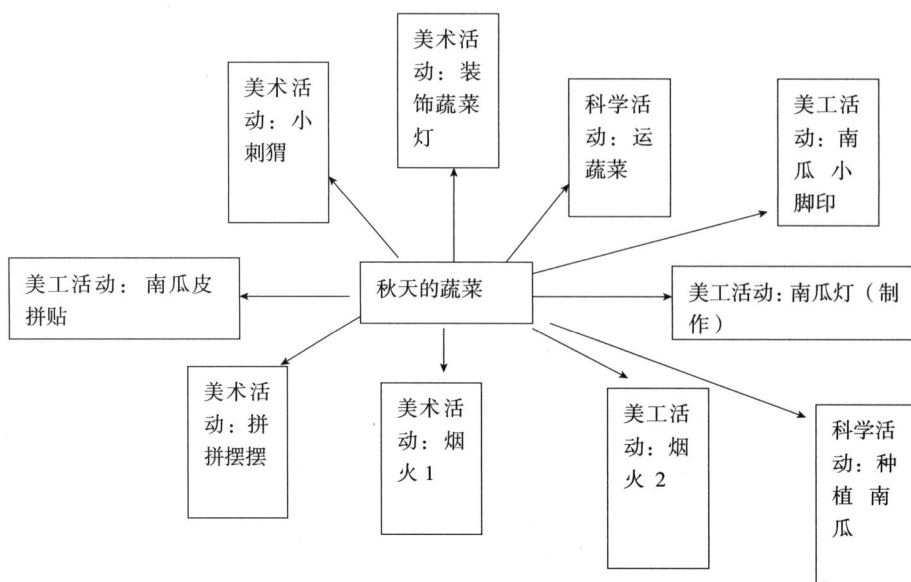

美术活动：装饰蔬菜灯

美术活动：小刺猬

科学活动：运蔬菜

美工活动：南瓜小脚印

美工活动：南瓜皮拼贴

秋天的蔬菜

美工活动：南瓜灯（制作）

美术活动：拼拼摆摆

美术活动：烟火1

美工活动：烟火2

科学活动：种植南瓜

主题目标

幼儿所能获得的

1. 知道不挑食、不偏食，喜欢吃各种蔬菜。

2. 能够自然地说话，声音大小适中。

3. 愿意和小朋友一起游戏。

4. 喜欢承担一些小任务。

5. 能够遵守游戏规则。

6. 喜欢大自然，对周围的很多事物和现象感兴趣。

7. 经常问关于蔬菜的问题，喜欢摆弄。

8. 认识常见的动、植物，能注意并发现周围的动、植物是多种多样的。

9. 知道蔬菜是多种多样的，对不同形状的蔬菜感兴趣。

10. 能够感知蔬菜的大小、多少、高矮、长短等量方面的特点。

11. 喜欢用蔬菜做游戏。

12. 喜欢在蔬菜上涂涂画画，粘粘贴贴，并乐在其中。

13. 能够用简单地线条和色彩大体画出自己想画的蔬菜。

教师所能获得的

1. 通过观察，了解幼儿兴趣点。

2. 根据幼儿的发展情况，投放更适合幼儿操作的材料。

3. 从幼儿在游戏中的表现，了解幼儿对"秋天的蔬菜"这个主题的兴趣。

家长所能获得的

1. 了解幼儿现在对什么感兴趣。

2. 知道如何在家里引导幼儿进行有趣的游戏。

3. 感受和幼儿一起操作的快乐。

主题进行

游戏一

游戏名称：运蔬菜
物质准备：蔬菜记录表、各种各样的蔬菜
创作过程：

好多的蔬菜哇，我们要搬到教室去。

我们不推、不挤，不着急，慢慢地走。

我的南瓜在翻跟头呢！

我像袋鼠一样，装了好多的土豆。

我帮你一起搬吧！

哎哟，搬不动！咱们推着椅子走吧！

活动反思

第一步：执教老师反思

幼儿和家长把收集来的蔬菜展示在操场上，进行运蔬菜游戏时，幼儿选择了不同的方式把蔬菜搬回了班，在过程中体会了劳动的快乐，同时也初步形成了合作意识。

第二步：班级教师沟通

教师1：本次活动的主要内容是通过游戏使幼儿体会劳动的快乐。幼儿兴趣很大，想出了不同的办法把蔬菜运回了班级。

教师2：这次活动幼儿还都挺感兴趣的，我看他们特别喜欢大南瓜。

教师3：是的，都愿意运南瓜，咱们下次可以玩一玩南瓜。

教师4：那就装饰南瓜吧！

游戏二

游戏名称：装饰南瓜

物质准备：南瓜、树叶、水粉笔、三原色颜料、刷子、胶水、毛笔、毛根、亮片、彩纸条等辅助材料

创作过程：

把胶水涂在叶子上。

我给南瓜宝宝穿树叶衣服。

作品展示：

哇，漂亮的南瓜蛋糕！

南瓜宝宝穿新衣。

活动反思

第一步：执教老师反思

幼儿把大南瓜当成蛋糕一样，装饰得都很漂亮。过程中能够选择辅助材料作为蛋糕的糖片之类，非常有创意。

第二步：班级教师沟通

教师1：我看到幼儿还都挺愿意做南瓜蛋糕的。

教师2：是的，一边涂色，还一边嘟囔着自己做什么味道的呢！

教师3：看看他们都喜欢用蔬菜做些什么呢？

教师4：咱们还有土豆呢，想想能怎么玩吧！

游戏三

游戏名称：小刺猬

物质准备：土豆人手一个、各种颜色的纸黏土、牙签或毛根

创作过程：

我的小刺猬有很多的刺。　　　　　　给我的小刺猬捏个眼睛。

作品展示：

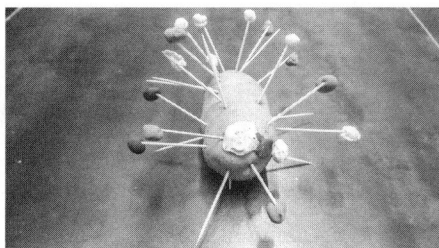

小刺猬运水果。　　　　　　　　　　小刺猬

活动反思

第一步：执教老师反思

最开始做这个游戏时，很担心使用牙签的安全性。后来发现，只要正确地引导，幼儿还是能够安全地使用牙签的，并且通过纸黏土做了很多小果子，扎到了牙签上做刺猬的小果子。

第二步：班级教师沟通

教师1：他们的小手很灵活，能够把牙签插进土豆里。

教师2：他们能够根据纸黏土的颜色，联想到是什么果子。

教师3：那接下来咱们可以怎么做？

教师4：多玩一玩蔬菜吧！

教师5：上次他们玩南瓜时，有的小朋友很好奇它是什么味道的。

教师6：要是把它蒸熟了，那南瓜皮就可以用上了。

游戏四

游戏名称：南瓜皮拼摆

物质准备：蒸熟的南瓜、黑色卡纸

创作过程：

我们先闻一闻蒸熟的南瓜是什么味的？再尝一尝南瓜。

看，我的小桥。　　　　　　　　　　我们要摆一个小花。

作品展示：

小花和小蝴蝶

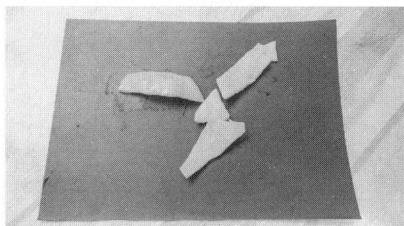

老师，这是风车。

活动反思

第一步：执教老师反思

我们把蒸熟的南瓜提供给幼儿，他们都很好奇这个南瓜是什么味道。有的幼儿闻了闻，说是草莓味的；有的幼儿尝了尝，说是像香蕉一样面面的。然后他们把吃剩下的南瓜皮在纸上摆，能够根据南瓜皮大小和形状的不同想象创作，拼摆出不同的造型。

第二步：班级教师沟通

教师1：其实他们还可以把玩蔬菜。

教师2：怎么玩？

教师1：就是根据他们的兴趣，选择不同的蔬菜，充分地把玩、拼摆。

教师2：这个可以，因为大家收集了好多蔬菜。

游戏五

游戏名称：拼拼摆摆

物质准备：秋天的各种蔬菜

创作过程：

这是我摆的小汽车。

请让一下，我要连接出火车。

我要在一架直升飞机上缠上一个"螺旋桨"。

小蛇扭啊扭的，真好玩儿！

作品展示：

蝴蝶

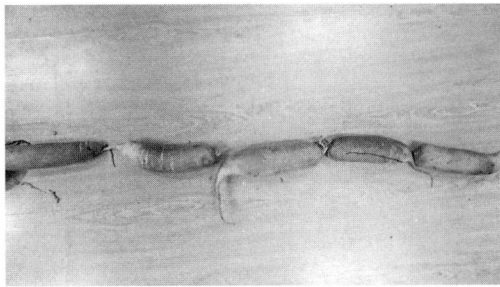

小蛇

毛毛虫

小汽车

活动反思

第一步：执教老师反思

幼儿充分地和蔬菜进行了一场游戏，他们尽情地把玩着蔬菜，用蔬菜摆出了不同的造型。在玩的方法上也多种多样，教师可以和幼儿一起分享一下玩法。

第二步：班级教师沟通

教师1：今天大家玩得可高兴了！我都没想到有人能拿着南瓜，在地上转着玩。

教师2：看来孩子们很喜欢玩蔬菜。

教师1：下次还可以让他们多玩一玩。

游戏六

游戏名称：烟火1

物质准备：切好的南瓜、黑色砂纸

创作过程：

南瓜里面被我掏空了。

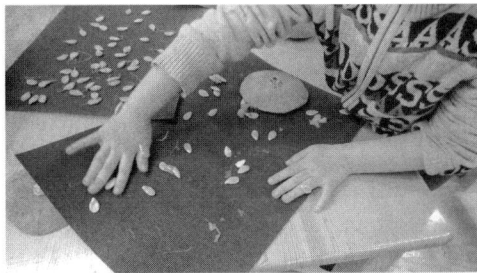

看，我的烟花漂不漂亮？

作品展示：

小蝌蚪

飞起来的烟花

活动反思

第一步：执教老师反思

幼儿把小南瓜里面的子都掏了出来，他们看着被掏空的南瓜特别有成就感，而且能够用南瓜子在纸上摆出下次活动的内容。

第二步：班级教师沟通

教师1：咱们把掏出来的南瓜发下去，让家长和孩子一起做一个南瓜灯。

教师2：这个挺好的，他们也可以给南瓜子涂上一些颜色。

教师3：南瓜子也可以玩。

游戏七

游戏名称：烟火2

物质准备：南瓜子烟花作品、牙刷、颜料、放烟花的视频

创作过程：

点点烟花。

我把南瓜子都刷成黄色的了。

用蘸有颜色的笔刷点点儿。

看，我的蓝色烟花。

作品展示：

龙花

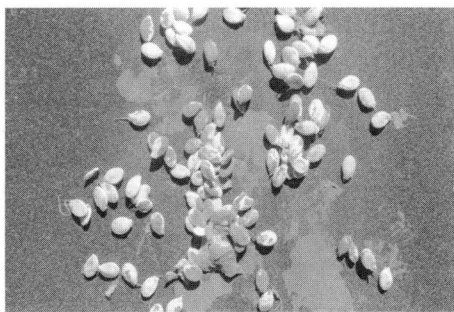

火花

活动反思

第一步：执教老师反思

幼儿用颜料给自己的南瓜子涂上颜色，能够和烟火联系起来，而且很乐意和教师、同伴分享自己的作品。

第二步：班级教师沟通

教师1：看着作品很有立体效果。

教师2：咱们可以做个画框，把画作展示到作业栏里。

教师3：可以。

教师4：还有很多多出来的南瓜子，怎么能用上？

游戏八

游戏名称：南瓜灯

物质准备：家园配合完成的南瓜灯人手一个

创作过程：

小朋友逛南瓜灯展。

我们发现了有葫芦娃的南瓜灯。

老师让我们找有星星图案的南瓜灯。

在我们的南瓜灯中间放一盏灯。

作品展示：

月亮南瓜灯

葫芦娃南瓜灯

活动反思

第一步：执教老师反思

家长和幼儿通过亲子制作的方式制作了不同的南瓜灯。在班里举办南瓜灯展览，幼儿欣赏了同伴的南瓜灯，通过交流提升了交往能力，也学会了如何欣赏别人的作品。

第二步：班级教师沟通

教师1：家长的南瓜灯都太有创意了。

教师2：是，我看真有雕刻得非常精细的呢！

教师3：南瓜子怎么办？

教师2：要不，把南瓜子印在纸黏土上。

教师1：其实可以尝试一下黄泥。

游戏九

游戏名称：南瓜小脚印

物质准备：黄泥、南瓜子

创作过程：

我要做个小刺猬。

这是我的甜甜圈。

南瓜子在排队呢！

小蘑菇上面的点点。

作品展示：

小饺子

甜甜圈

小手

小刺猬

活动反思

第一步：执教老师反思

本班幼儿比较喜欢玩泥，因为泥的可塑性很强，而且能够把南瓜子用不同的方法和黄泥结合起来。

第二步：班级教师沟通

教师1：咱们班幼儿用南瓜子在泥上印的时候，用了好多方法。

教师1：有竖着插的，有平着排的，有的摆得很规律，还有的用南瓜子的外形特点做甜甜圈的芝麻。

教师2：嗯，玩得很开心。

教师1：其实也可以投放一些南瓜子放到美工区。

游戏十

游戏名称：种植南瓜

物质准备：南瓜种子、幼儿装饰的花盆、水壶、土

创作过程：

给我的小南瓜浇点水。

往花盆里装土。

你的南瓜种的怎么样？请你用绘画或照片的方式展示出来。

作品展示：

种植角

活动反思

第一步：执教老师反思

幼儿在活动中体会到了劳动的快乐，而且通过活动丰富了自然角，方便他们来观察照顾自己种植的南瓜。

第二步：班级教师沟通

教师1：我发现他们种的时候没有方法。

教师2：是，我看有的把南瓜子埋得特别深，有的都没埋起来。

教师3：在种植方法上还需要引导。

教师2：活动中参与性都很高，大家很喜欢劳动。

主题总结

1. 幼儿

通过学习，知道几种常见、常吃的秋天成熟的蔬菜，了解蔬菜的名称与外形特征，体会蔬菜与人们的生活关系。通过各种感知觉去关注蔬菜的不同特点和作用，知道蔬菜有不同的味道和多种吃法，养成不挑食的好习惯，并能用蔬菜制作各种图案、造型，促进幼儿语言表达、交往、动手、观察等能力的发展。

2. 教师

教师能够了解幼儿的兴趣需要，根据幼儿的兴趣开展游戏，并且通过游戏了解幼儿的发展水平，以便开展更适合的游戏。

3. 家长

家长能够支持游戏活动，提供秋天的不同蔬菜，和参与蔬菜制作的亲子活动。

三、节日的彩灯

主题名称

节日的彩灯

主题由来

12月是一个多节日的月份，从古至今都有节日挂花灯的习俗。这一天，多多小朋友拿着一棵挂满花灯的圣诞树来到了幼儿园，他说："我妈妈说了，12月25日是圣诞节，前一天是平安夜。"孩子们都好奇地看着这棵树。我尝试着把灯打开，五颜六色的光芒一闪一闪的。孩子们激动得大叫起来，拍着手说："太好看了，太好看了！"这时一位叫悠悠的小朋友说："我家还有带蝴蝶的呢！"就这样大家讨论了起来，看着大家这么感兴趣，因此本月主题设定了"节日的彩灯"。

主题前例会

第一部分：班级教师集体备课——先行玩起来
教师1：节日的彩灯，顾名思义，就是要过节了。过节时大家就会聚在一起，玩各种游戏。
教师2：很多种类不同的彩灯，各种形状的。
教师3：不同样子的灯笼，颜色不同，形状也不同。
教师4：让我想到五颜六色的彩灯。
教师1：可以用不同的材料制作灯笼，例如纸条、折纸，还可以画，水彩笔的、水粉笔的都可以。
第二部分：和幼儿、家长共同来讨论，编织"游宝图"（即"主题网络图"）
第一步：幼儿摆弄、操作材料
和小朋友一起收集不同造型的彩灯。
通过欣赏和动手操作，发现彩灯的不同。

和小朋友一起收集不同造型的彩灯。　　通过欣赏和动手操作发现彩灯的不同。

第二步：共同讨论
与家长们积极讨论，我们最终确定了以下形式的活动内容。
1. 通过故事了解彩灯。
2. 通过实物和图片引导幼儿欣赏材料，了解多种多样的彩灯。
3. 通过彩灯了解电的基本知识，可以请家长配合完成。
4. 玩颜料，装饰灯笼。
第三部分：班级教师集体备课——可利用的资源
1. 关于彩灯的文化知识
彩灯，又名花灯，是中国普遍流行、具有极高艺术价值的传统工艺品。彩灯艺术也就是灯的综合性装饰艺术。在古代，灯笼的主要作用是照明，由纸或者绢作为灯笼的外皮，骨架通常使用竹或木条制作，中间放上蜡烛，成为照明工具。受汉族文化的影响，在亚洲华人地区和许多国家的庙宇中，灯笼也是相当常见的物品。
2. 家长、社会资源

（1）一起制作彩灯。

我们的游宝图

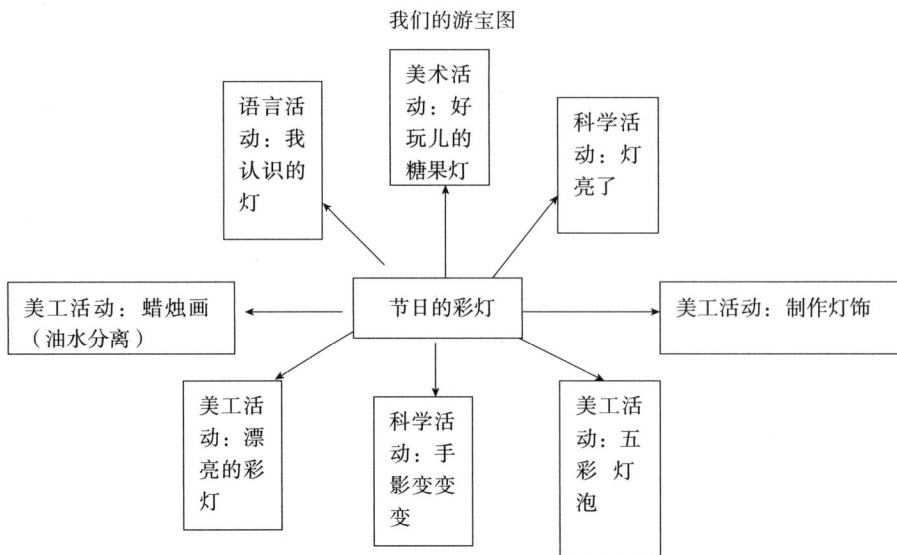

美术活动：好玩儿的糖果灯

语言活动：我认识的灯

科学活动：灯亮了

美工活动：蜡烛画（油水分离）

节日的彩灯

美工活动：制作灯饰

美工活动：漂亮的彩灯

科学活动：手影变变变

美工活动：五彩灯泡

（2）收集不同样式的彩灯。

主题目标

幼儿所能获得的

1. 喜欢与小朋友分享。

2. 能够用语言表达自己的想法。

3. 能够听懂故事的大意。

4. 了解彩灯的知识。

5. 了解 12 月份中的节日都有哪些。

6. 能够根据自己的想法设计灯笼。

7. 能够尝试制作不同的灯笼。

8. 能够给灯笼涂上漂亮的颜色。

9. 愿意将自己的作品进行展示。

教师所能获得的

1. 通过观察，了解幼儿兴趣点。

2. 根据幼儿的发展情况，投放更适合操作的材料。

3. 从幼儿在游戏中的表现，感知幼儿对"节日的彩灯"这个主题的兴趣度。

家长所能获得的

1. 了解幼儿在学习一些什么内容。

2. 知道如何配合教师。

3. 感受和幼儿一起操作的快乐。

主题进行

游戏一

游戏名称：我认识的灯

物质准备：各种各样的灯

创作过程：

这里有很多种类的灯。

我们分享的是灯笼。

作品展示：

红色的灯光

不同颜色的彩灯

活动反思

第一步：执教老师反思

今天幼儿分享了他们收集来的灯。在欣赏的过程中，通过他们的语言能够感受到他们对这些灯的用处还是比较了解的。例如有的小朋友说"这是台灯，放在我家桌子上的""这是水晶灯，是我过生日时别人送给我的"等。

第二步：班级教师沟通

教师1：本次活动的主要内容是欣赏收集来的灯，幼儿兴趣很浓。尤其当教师把灯打开的时候，他们都很兴奋。

教师2：上一个科学活动，让幼儿看看灯是如何亮起来的。

教师1：本班幼儿年龄小，操作方面会有问题。我们可以请大班的小朋友来帮助他们完成。

教师2：准备一些小灯泡、电池、电线。

教师1：注意安全，小灯泡是玻璃做的，别摔坏了。

游戏二

游戏名称：灯亮了

物质准备：小灯泡、电线、1号电池一节

创作过程：

咦？灯怎么会亮呢？

我也来试一试！

原来这儿有个开关啊，哈哈！让我来按一按！开关开了，看，那盏灯亮了！

活动反思

第一步：执教老师反思

幼儿喜欢和教师一起欣赏彩灯。在寻找开关的时候，幼儿都很积极。

第二步：班级教师沟通

教师1：今天带着幼儿玩这个游戏，很多小朋友的灯真的亮了，他们挺兴奋的。

教师2：古时候的人都是点蜡烛照明，我们可以把蜡烛点燃，将受热融化的蜡油滴在画纸上，利用油水分离的绘画方式，鼓励幼儿画画。

游戏三

游戏名称：蜡烛画

物质准备：颜料、蜡烛、滴好蜡油的画纸

创作过程：

好多的小泡泡呀！

泡泡怎么盖不住颜色呀？

作品展示：

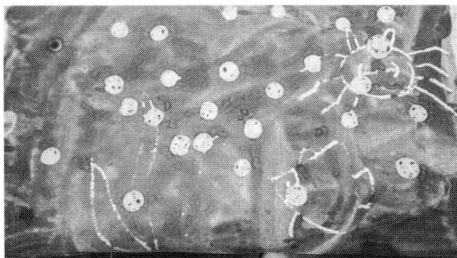

海底世界

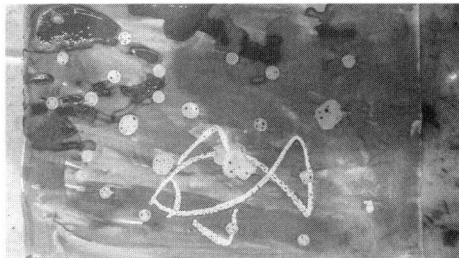

小鱼吐泡泡。

活动反思

第一步：执教老师反思

幼儿对这次活动很感兴趣，很认真地涂颜色，发现有蜡油的地方涂不上，就用更多的颜料，但是最后发现还是涂不上，会与教师交流。

第二步：班级教师沟通

教师1：幼儿特别喜欢玩颜色。

教师2：我们把这些作品卷起来，做成纸筒。再让幼儿剪一些纸穗，粘贴在纸筒的下端，小灯笼就做好啦！

游戏四

游戏名称：制作灯饰

物质准备：彩色铁丝、毛线、条状皱纹纸、三角架
创作过程：

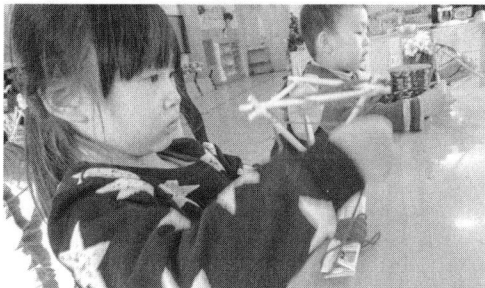

我用粉色的毛线绕。

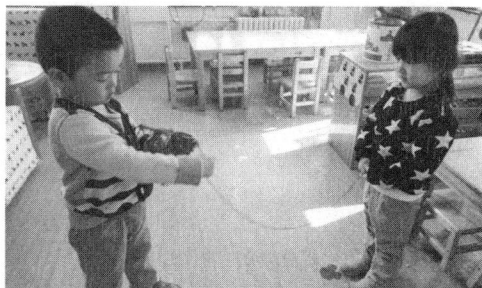

我绕，你拿着。

作品展示：

紫色亮晶晶的灯

毛线灯

活动反思

第一步：执教老师反思
在活动中，幼儿小手肌肉发展不是很好，有的绕得不好，需要多练习。

第二步：班级教师沟通
教师1：幼儿很喜欢制作活动，灯的制作方式也有很多。为了满足幼儿操作，我们可以选择多样的材料制作灯。

教师2：例如毛线、皱纹纸、图形纸片。

游戏五

游戏名称：**漂亮的彩灯**
物质准备：各种颜色的毛线、瓶子、胶棒、三角筒、红、黄、蓝色圆形纸片、纸条
创作过程：

我把小圆片粘贴在三角筒上。

给瓶子穿毛衣。

作品展示：

彩色的纸瓶灯

毛线灯

活动反思

第一步：执教老师反思

由于材料丰富，幼儿可以有不同的选择，用来装饰瓶子，有助于每位幼儿的个性表现。

第二步：班级教师沟通

教师1：我们还可以让幼儿玩什么呢？

教师2：做气球灯，请家长帮忙把报纸糊在充满气的气球上，在气球上进行装饰。

游戏六

游戏名称：五彩灯泡

物质准备：报纸气球、颜料

创作过程：

我要刷一圈白色。

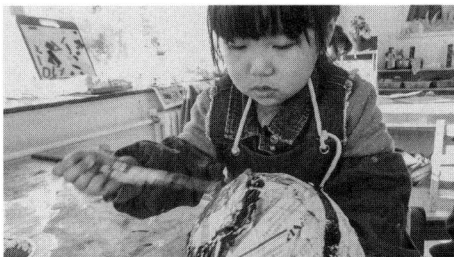

老师，你看我转着刷呢！

作品展示：

彩虹灯泡

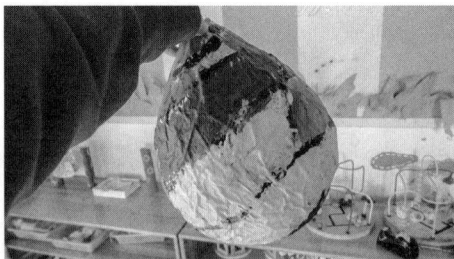

旋转灯泡

活动反思

第一步：执教老师反思

在进行这个活动前，我想让幼儿能够用多种颜色来表现彩灯，所以在气球上画上了黑色的隔离线。在活动中发现这样做很不好，限制了幼儿想象力的发挥。

第二步：班级教师沟通

教师1：我们应该相信幼儿的能力，给他们想象创作的空间。

教师2：手影活动可以激发幼儿的想象力。

游戏七

游戏名称：手影变变变

物质准备：手电筒

创作过程：

灯照在墙上，我挡住了光，就出现了影子。

和老师用手影讲故事。

活动反思

第一步：执教老师反思

在活动中，幼儿的表现欲都很强，愿意用自己的小手表现一些事物，并且愿意与他人分享。

第二步：班级教师沟通

教师1：这个活动体现了光和影的现象，我们还可以利用这个现象做一些活动。

教师2：做一盏镂空的灯。

教师1：想法很好，但是怎么操作呢？

教师2：让他们用带尖的东西在纸上扎眼儿，然后在里面安上灯，就可以照亮啦！

教师1：这次我们只给孩子一张纸，让他们自由发挥，看看效果如何。

游戏八

游戏名称：好玩儿的糖果灯

物质准备：垫板、牙签、红色卡纸

创作过程：

看，我戳出来海豚了。

戳出许多小洞洞，真好玩儿！

作品展示：

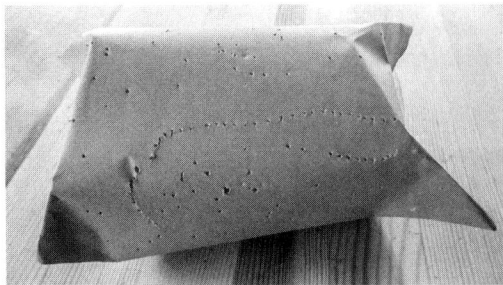 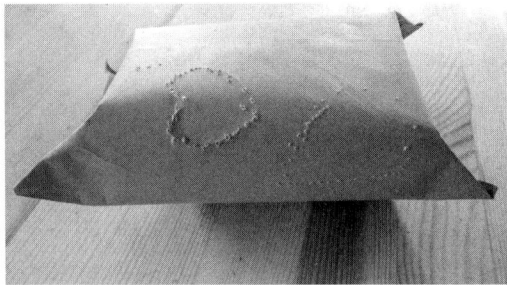

小白兔　　　　　　　　　　　　　　　　小桃心

活动反思

第一步：执教老师反思

通过照片大家也能感受到，幼儿在活动中表现得很认真，设计的图案也很有自己的想法，但是牙签这个工具不是很好，因为幼儿小手的肌肉发展得不好，这么小的牙签很容易让幼儿手部疲劳的，因此需要教师在工具的选择方面，再仔细想想。

第二步：班级教师沟通

教师1：幼儿这次玩得很高兴，没有了线条的限制，都能发挥自己的想象。

教师2：我们可以把这些灯放在作业栏中展示。

主题总结

1. 幼儿

通过本次主题，让幼儿对我国的传统节日有了更多的了解。在设计不同样式的彩灯中，孩子们感受到了快乐，掌握了一些制作和绘画的技能，但是这些技能还需要在活动区中继续巩固。

2. 教师

通过本次主题，教师对幼儿的兴趣点有了更多的了解。通过材料的提供，并观察幼儿操作情况，了解了哪些是适合幼儿的，哪些内容需要再进一步思考。

3. 家长

家长能够大力支持本次主题活动，通过各种渠道购买好看的彩灯，还和幼儿一起制作彩灯。

四、杨树上的小鼓包儿

主题名称

杨树上的小鼓包儿

主题由来

户外活动的时候，小朋友们特别喜欢捡地上的小树枝、小树叶，玩得可高兴了。一次，淘淘拿着一个发了芽的杨树枝，跑到我面前说："老师，你看，我捡的树枝。"我夸张地说："哎呀，这根树枝好大啊！"然后淘淘指着杨树的芽，说："老师，这是什么？怎么这么多小包儿啊？"我说："你猜。"她说："我可猜不到。"我说："过几天你就知道啦！"

主题前例会

第一部分：班级教师集体备课——先行玩起来

教师1：我看到这个，就联想到以后长出来的"毛毛虫"。

教师2：现在杨树芽就是一个花苞，它会慢慢地长大，形状也会变。不同的杨树，杨树花的大小、长短应该也不同，可以让他们认识长短不同的线。

教师3：收集一些杨树花，让小朋友摆摆，自由发挥。

教师1：联想到真的毛毛虫，可以结合之前的绘本《好饿的毛毛虫》，引导幼儿阅读。

教师1：想到吃的东西，食物，可以做馅。

教师3：可以在拼摆的基础上，选择各种材料添画，如彩笔、蜡笔、水彩。

第二部分：和幼儿、家长共同来讨论，编织"游宝图"（即"主题网络图"）

第一步：幼儿摆弄、操作材料

一名幼儿轻轻地捡起一个杨树芽说："别怕，小宝宝，我带你回家。"

幼儿高兴地展示着自己发现的小包包，看他们笑得多开心！他们还发现小包包是绿色的呢！

第二步：共同讨论

家长1：小鼓包，挺形象的，是"毛毛虫"的小时候。我看，杨树芽小时候就叫小鼓包，长大了再叫毛毛虫。

家长2：首先想到的是美食，小的时候吃过这种馅。

家长3：毛毛虫让我想到了长头发、胡须和毛草裙。

家长4：可以请孩子们用杨树花在纸上自由拼摆图形，然后再添画或涂色。

家长5：可以在废弃的瓶子上缠上毛毛虫，当作动物的毛发，然后孩子们再用画笔进行装饰。

家长6：可以收集些杨树花，用线一条一条地系上，做成项链，类似于印第安人穿的草裙子，穿在孩子的衣服上。

第三部分：班级教师集体备课——可利用的资源

1. 杨树花的知识

杨树的花分为雌雄两种。雄花序约长10厘米，暗红色或暗黄色，柔软，仔细看上面有好多小花。雌花序呈串状，中间一根轴，上面是好多小球，小球能长到约半厘米的直径，开始是橄榄形，后来逐

```
                        ┌──────┐
                        │美术活 │
              ┌──────┐  │动：杨 │  ┌──────┐
              │美术活 │  │树发芽 │  │科学活 │
              │动：杨 │  └──────┘  │动：春 │
              │树芽长 │            │天的杨 │
              │大了  │            │树枝  │
              └──────┘            └──────┘
                  ↖      ↑      ↗
┌─────────────┐      ┌─────────────┐      ┌─────────────┐
│美工活动：长长短│  ←   │杨树上的小鼓包儿│  →   │美工活动:拼拼摆摆│
│短的杨树花   │      └─────────────┘      │毛毛虫      │
└─────────────┘      ↙            ↘      └─────────────┘
        ┌──────┐              ┌──────┐
        │科学活 │              │美工活 │
        │动：好 │              │动：会 │
        │玩的毛 │              │跑 的毛│
        │毛虫  │              │ 毛  虫 │
        └──────┘              └──────┘
```

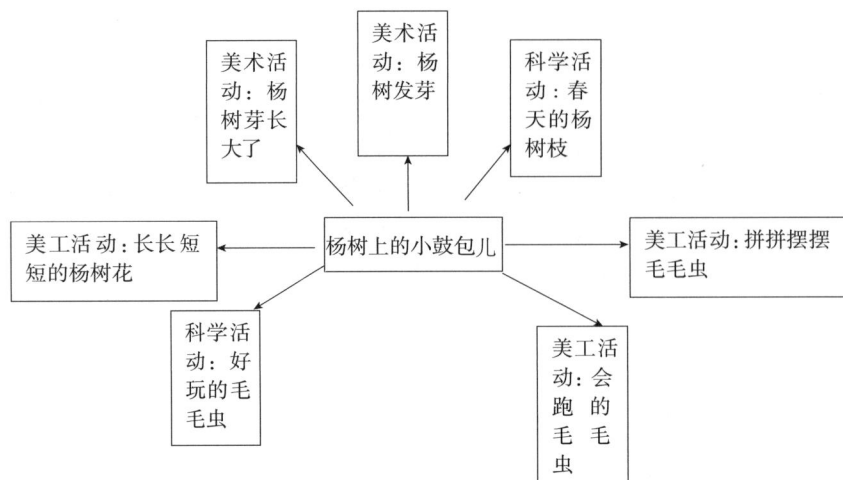

渐变圆，胀破，露出棉絮状。

2. 儿歌、故事、歌曲等相关资料

歌曲《白杨树》《杨树之歌》，故事《杨树公公和他的三个儿子》。

3. 家长、社会资源

鼓励家长和幼儿在来幼儿园的途中共同收集杨树花。

主题目标

幼儿所能获得的

1. 能够关注身边事物的变化。

2. 愿意探索关注的事情。

3. 喜欢用多种形式表现杨树花。

4. 能够用语言表达自己对杨树花的喜爱。

5. 喜欢用杨树花做游戏。

教师所能获得的

1. 能够根据幼儿的兴趣开展活动。

2. 帮助幼儿提供表达的时间和空间。

3. 选择适合幼儿操作的材料进行表现。

家长所能获得的

1. 了解班级主题活动内容，并积极配合。

2. 在日常生活中，注重引导幼儿观察身边的景物。

3. 通过沟通了解幼儿的美术活动形式。

主题进行

游戏一

游戏名称：春天的杨树枝

物质准备：可供幼儿直接观察、欣赏的杨树

创作过程：

你捡了好多小树枝啊！

老师你看，树上有许多小鼓包。

作品展示：

哈哈，我又找到了一根小树枝。

小树枝宝宝回家喽！

活动反思

第一步：执教老师反思

幼儿对杨树上的小鼓包很感兴趣。一到操场上，他们就会自发地收集小鼓包，还能分出它们的大小。

第二步：班级教师沟通

教师1：幼儿很喜欢寻找小鼓包，还会把自己的发现与大家分享。

教师2：可以用捡来的小鼓包进行拼摆、制作。

教师3：可以与幼儿交流想法，进行接下来的活动。

游戏二

游戏名称：杨树发芽

物质准备：油画棒、水彩笔、胶棒、彩色折纸

创作过程：

和老师一起去观察杨树，发现杨树芽
长大了，我们还用小手测量了。

我们选择自己喜欢的方式展示杨树芽。

有的用漂亮的水彩笔涂色。　　　　　　　　　有的用小纸片粘贴。

作品展示：

看，红红的杨树毛多漂亮啊！　　　　　绿色的小包包长出来喽！

活动反思

第一步：执教老师反思

幼儿看到发芽后的杨树非常高兴，有的用水彩笔画出了发芽的小鼓包，有的撕小纸片粘出发芽的样子。每个人都用不同的表达方式来表现自己的想法。

第二步：班级教师沟通

教师1：幼儿认真地观察着树上的小杨树芽，小眼睛睁得大大的，一眨都不眨。

教师2：先观察实物，再用图片的方式供幼儿近距离观看，可以让幼儿更加真切地认知杨树芽。

教师3：每个幼儿的想法都不同，我们可以多提供一些材料供他们自由创作。

游戏三

游戏名称：杨树芽长大了点

物质准备：棉签、颜料（黑色、深棕色、浅棕色）、毛笔、纸

创作过程：

我的杨树芽好粗啊，真有力量！

看，细细的杨树芽在跳舞呢！

作品展示：

我的杨树芽长大了，变长了喽！

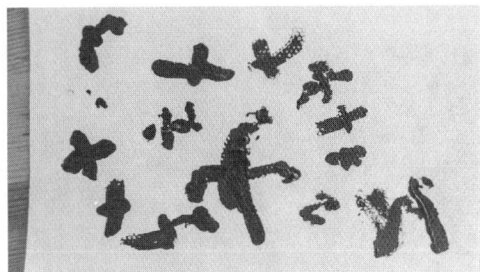

我的杨树芽在做运动，伸伸腿。

活动反思

第一步：执教老师反思

幼儿很喜欢这种自由选择材料进行创作的方式，活动中非常投入。

第二步：班级教师沟通

教师1：有的幼儿用粗粗的刷子画出长大的杨树芽，有的幼儿用棉签点出一点一点的小鼓包。

教师2：可以再提供一些拓印用的工具，供幼儿自由表达。

教师3：可以在幼儿操作时，播放有关春天的欢快音乐。听着音乐，幼儿的心情也会变高兴。

游戏四

游戏名称：长长短短的杨树花

物质准备：白色画纸、水粉颜料、杨树花

创作过程：

小毛毛虫们快来排排队。

看，我的毛毛虫变成了大太阳。

小毛毛虫快睡觉啊，乖！

小飞机起飞喽！

作品展示：

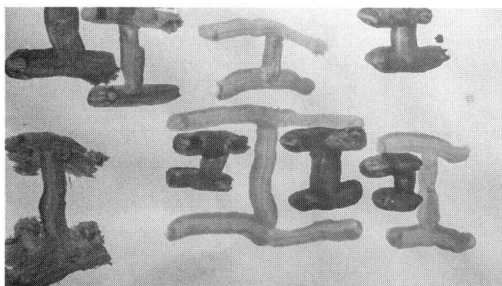

长长短短的毛毛虫变成了大弓箭。

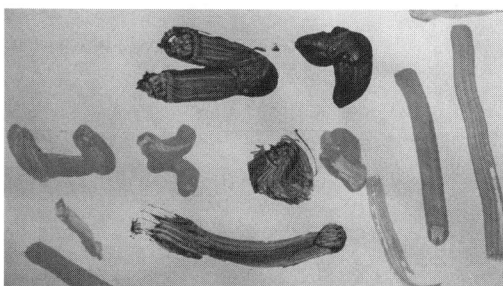

大鳄鱼来吃小鱼喽！

活动反思

第一步：执教老师反思

教师1：幼儿都很有想象力，用杨树毛摆出各种造型，还编出了小故事。

第二步：班级教师沟通

教师2：幼儿拼摆的图形，也是其认知水平的呈现，我们可以多加观察，并加以引导。

教师3：可以请幼儿和大家分享自己的作品，表达自己内心的感受。

游戏五

游戏名称：好玩的毛毛虫

物质准备：掉落的杨树花

创作过程：

毛毛虫飞喽！

我要抓住你。

作品展示：

看，漂亮的小耳环！

美丽的皇冠，像白雪公主一样。

我们的小迷宫。

甩一甩，下雪喽！

活动反思

第一步：执教老师反思

教师：幼儿的想象力很丰富，在他们手中什么事物都是活的、有生命的。

第二步：班级教师沟通

教师1：可以请幼儿收集自己喜欢玩的自然物，说说玩的方法。

教师2：可以请幼儿在美工区用收集来的自然物制作喜欢的东西，如小耳环。

游戏六

游戏名称：拼拼摆摆毛毛虫

物质准备：纸黏土、水彩笔、颜料、杨树花

创作过程：

我在用纸黏土给毛毛虫做小床！

我用水彩笔给小鸟画只小虫子。

看，我编了个小辫子。

我在帮小兔画房子。

作品展示:

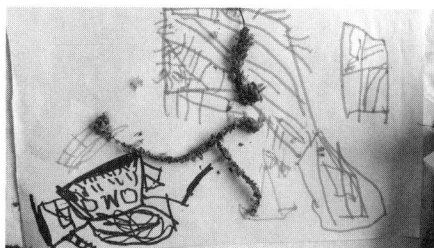

小人在和机器人赛跑。

小蝴蝶

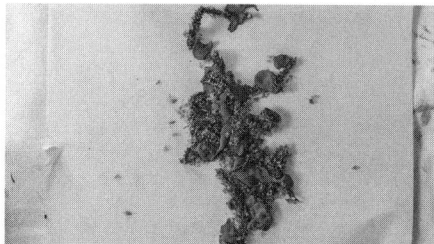

大恐龙来喽!

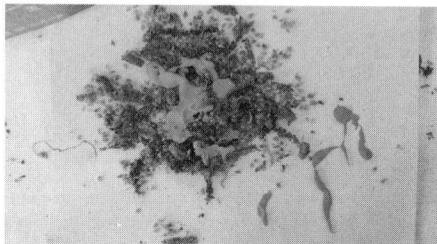

火山喷发啦!

活动反思

第一步:执教老师反思

教师:幼儿喜欢给毛毛虫变换不同的造型,有的是鸟窝,有的是小房子。

第二步:班级教师沟通

教师1:可以让幼儿想象毛毛虫动起来的样子,用身体动作来表现。

教师2:也可以用毛毛虫蘸取颜料,在纸上印出"脚印"的方式,引导幼儿大胆创作。

游戏七

游戏名称:会跑的毛毛虫

物质准备:水粉纸、杨树花、各种颜色的颜料

创作过程:

毛毛虫去郊游喽!

蹦蹦跳跳真可爱!

作品展示:

毛毛虫掉进了大漩涡里。

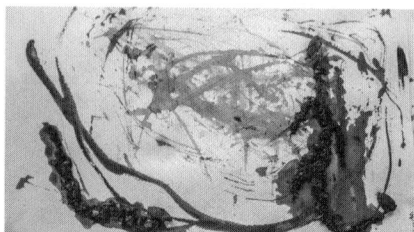

毛毛虫手拉手在跳舞呢!

活动反思

第一步：执教老师反思

教师：这种带情景的绘画创作方式幼儿很喜欢，在活动中每个人都能展现自己不同的个性。

第二步：班级教师沟通

教师1：可以创设"舞会"的情景，引导幼儿让毛毛虫在纸上跳舞。

教师2：可以把这些作品放在语言区的墙上。过渡环节时，幼儿之间可以相互讲一讲，讨论、分享。

主题总结

1. 幼儿

通过该活动，幼儿开始喜欢亲近大自然，对周围的植物感兴趣。愿意探索，喜欢收集，尝试用不同的方式动手操作，表达对植物的喜爱。

2. 教师

通过这次活动，我发现了幼儿对大自然的热爱。在他们眼中，一切事物都是富有生机的。我们要多为幼儿创设良好的条件，供他们自由选择、探索、发现。

3. 家长

家长愿意陪伴幼儿一起收集、发现、感受，并积极思考，回忆自己小时候有趣的玩法。

家长1：这次活动后，孩子开始对周围的一些植物感兴趣，经常会在放学路上收集一些小树叶，拿回家，在纸上粘来粘去。

家长2：这次活动后，我和孩子在家养了几条小蚕，每天和他一起照顾小蚕宝宝，孩子可认真了。

五、秋天的水果——苹果、梨

主题名称

秋天的水果——苹果、梨

主题由来

九、十月是一个丰收的季节，也是水果大量上市的季节。在午点吃水果的时候，孩子们对所吃的水果产生了浓厚的兴趣，都争着讨论自己吃过的水果。但很多小班幼儿对水果的名称、外形特征以及它的味道知道得不多，因此认识水果的名称、外形以及品尝水果也就成了必不可少的教育内容。我们及时捕捉到了他们的兴趣点，以苹果和梨为切入点，充分利用水果这一教育资源，从中挖掘其潜在的教育价值，并根据小班幼儿兴趣、需要和已有的知识经验、认知特点，以课程来源于生活又服务于幼儿生活这一理念为指导，预设了这一主题活动。

主题前例会

第一部分：班级教师集体备课——先行玩起来

教师1：秋天正是苹果和梨成熟的季节，孩子们特别喜欢它们酸酸甜甜的味道。可以让孩子一起来切苹果做成果串，品尝苹果。

教师2：水果拼盘可以让孩子们感受拼摆水果的快乐。

教师3：一说起苹果，我就想起它红红绿绿的颜色，孩子们肯定愿意把它画出来。

教师4：苹果的形状孩子都很喜欢，可以将它切好，蘸上不同颜色的颜料，让他们把苹果的形状拓印在纸上，形成一幅特别的画。

第二部分：和幼儿、家长共同来讨论，编织"游宝图"（即"主题网络图"）

第一步：幼儿摆弄、操作材料

教师应想方设法调动幼儿运用多种感官（如摸、看、闻、听）感知事物的积极性，促使幼儿从多维的角度思考，为幼儿发挥想象力奠定感知基础。

第二步：共同讨论

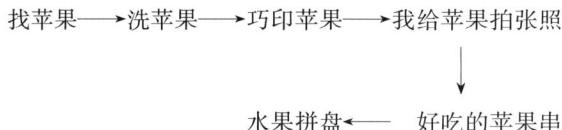

找苹果──→洗苹果──→巧印苹果──→我给苹果拍张照
　　　　　　　　　　　　　　　　　　　↓
水果拼盘←──　好吃的苹果串

第三部分：班级教师集体备课——可利用的资源

1. 主题相关的背景知识

苹果，是最常见的水果，果实呈球形，外皮通常为红色，也有黄色和绿色，果肉为白色或浅黄色味道酸甜，口感爽脆，含有丰富的营养，且易于被人体吸收，是一种低热量的减肥食物，每100克只产生60千卡热量。苹果富含维生素C，可以提高人体的免疫力，不容易感冒。

梨，外皮通常为金黄色或暖黄色也有绿色和深红色，果肉为白色，肉脆多汁，口味甘甜，核味微酸，凉性。7～9月间果实成熟时采收，可鲜用或切片晒干。和冰糖一起煲水，可治疗咳嗽。

梨富含糖、蛋白质、脂肪、碳水化合物及多种维生素，有利于健康。梨可以改善呼吸系统和肺功能，具有清肺、润肺、养肺的功效。梨可助消化、润肺清心，消痰止咳、退热、解毒疮，还可以利尿、润便。梨果还可以加工制作梨干、梨脯、梨膏、梨汁、梨罐头等，也可用来酿酒、制醋。

2. 儿歌、故事、歌曲等相关资料

（1）儿歌：

水 果 歌

什么水果红红的？

苹果苹果红红的。

什么水果绿绿的？

西瓜西瓜绿绿的。

什么水果黄黄的？

香蕉香蕉黄黄的。

什么水果紫紫的？

葡萄葡萄紫紫的。

还可以用以下水果替换儿歌中的词：

草莓（红红的）、梨子（黄黄的）、山竹、黑莓（紫紫的）、杨桃（绿绿的）。

有关形状的儿歌：

《小不点分香蕉》《有趣的西瓜皮》《会爆炸的苹果》《蛤蟆吃西瓜》《瓜瓜吃瓜》《瓜娃娃》《切西瓜》《酸酸甜甜的橘子》《好吃的水果》《隐身水果》。

有关丰收的儿歌：

《味道》《种瓜》《摘橘子》《蛤蟆种瓜》《柿子丰收了》《水果变干净了》《摘运秋天的水果》《果树妈妈宝宝多》《制作西瓜和葡萄》。

（2）故事：《蛤蟆种瓜》。

（3）歌曲：《吃水果》《洗水果》《摘葡萄》。

3. 家长、社会资源

（1）和幼儿共同制作水果宝宝手工作品，参加班级的展览活动。

（2）带幼儿去超市、商店，观察各种水果，鼓励幼儿自己选购不同品种的水果。

主题目标

幼儿所能获得的

1. 让幼儿学会观察、分析、比较水果的形状、颜色、味道等，知道水果是各种各样的。了解秋天的水果都有哪些，知道其名称和主要特征。

2. 知道要讲究卫生，瓜果要洗干净再吃。

3. 通过演唱有关水果的歌曲，了解休止符、符强音的唱法，要唱得活泼、有趣。

4. 教育幼儿要自觉地保持周围环境的整洁，养成讲文明、讲卫生的习惯。

5. 能在教师的启发下，用各种水果大胆表现自己喜欢的造型。

6. 在轻松愉快的气氛中，发展幼儿的观察力、思维力以及动手操作能力。

7. 加深对秋天瓜果的认知，能自己动手设计、制作水果拼盘。

8. 引导幼儿观察西瓜皮上的花纹，联想出多种物体，并通过添画表现其主要特征，激发想象力。

9. 了解水果的各种吃法，丰富幼儿的生活经验。

10. 知道吃水果有利健康，吃时要适量。

11. 培养幼儿不独食，愿意与他人分享。

教师所能获得的

1. 孩子感兴趣的不一定都是新鲜事物，生活中熟悉的事物也可以探究。

2. 根据幼儿的年龄特点，选择适合幼儿操作的游戏方式。

家长所能获得的

1. 在日常生活中，注重引导幼儿感受与探索身边的事物。

2. 帮助家长与幼儿建立良好的亲子关系。

主题进行

游戏一

游戏名称：找苹果

物质准备：苹果、梨、小筐

游戏过程：

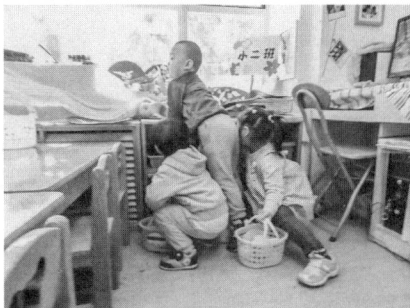

柜子里面一定有小苹果。

布下面藏着一个大苹果！

作品展示：

满满的一筐大苹果！

和老师一起分享我们找到的小苹果！

活动反思

第一步：执教老师反思

通过找苹果的游戏，幼儿对苹果产生了极大的兴趣，他们关注到苹果的颜色、形状，并大胆地猜想苹果吃起来的味道，引发了进一步对苹果的探究。

第二步：班级教师沟通

教师1：幼儿在活动过程中，开始猜想苹果的味道。

教师2：可以就此引出吃苹果的活动。

教师3：可以从清洗苹果开始，进行一系列的活动。

游戏二

游戏名称：洗苹果

物质准备：苹果、梨、苹果皮盆、塑料儿童专用水果刀、蓝色卡纸、一次性纸盘

游戏过程：

我们要把苹果脸上的脏东西洗掉。

洗干净了，就可以吃苹果啦！

作品展示：

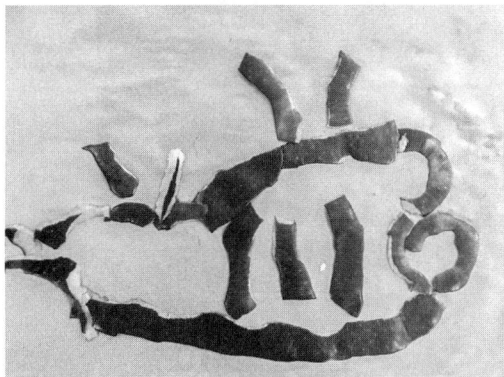

看！我的苹果皮大鱼！

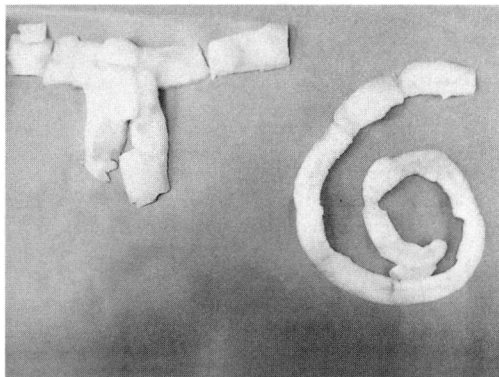

哈哈！大恐龙和它的山洞！

活动反思

第一步：执教老师反思

在洗苹果的游戏中，幼儿了解了吃水果前要清洗干净这一卫生要求，并能够知道部分水果可以削皮食用。大胆想象用苹果皮作画，并将拼摆的作品进行了拍照呈现。幼儿非常感兴趣这次的活动，并能将自己想到的事物用苹果皮的形式展现，让人眼前一亮。

第二步：班级教师沟通

教师1：幼儿在活动过程中，对于洗苹果和果皮拼摆非常感兴趣。他们能将自己想象中的事物结合果皮的特点在卡纸上进行自由拼摆，作品十分艺术。

教师2：咱们可以多为幼儿提供一些用苹果进行创作的机会，让他们能进行更多的发挥。

教师3：可以用拓印的方式进行创作。

游戏三

游戏名称：巧印苹果

物质准备：红、黄、蓝三色丙烯颜料、切开的苹果、黑卡纸、水粉笔刷

创作过程：

先蘸点黄色颜料，让苹果喝足水！

我的苹果印完了，真漂亮啊！

作品展示：

我们的苹果多又多哦！

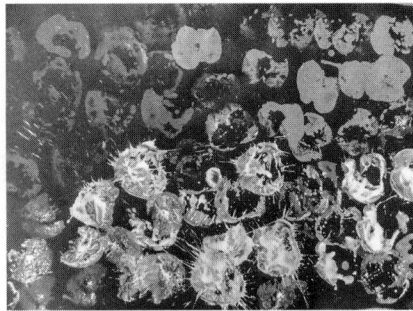

五颜六色的苹果真漂亮啊！

活动反思

第一步：执教老师反思

幼儿利用不同形状的苹果切块进行拓印，搭配幼儿喜欢的三原色颜料，兴趣十分高涨。但在卡纸颜色的选择和颜料的选择与调配上都要提前尝试，只有丙烯颜料更适合在黑色的卡纸上拓印，这样颜色对比强烈，苹果的轮廓拓印得也比较清晰。

第二步：班级教师沟通

教师1：幼儿在拓印苹果的活动中非常自主，也非常快乐。能够选择喜欢的苹果形状进行拓印。

教师2：幼儿在拓印苹果的过程中，对卡纸和颜料颜色的选择产生了浓厚的兴趣。

教师3：可以为幼儿创设更多苹果与色彩的活动。

游戏四

游戏名称：我给苹果拍张照

物质准备：各种苹果实物、模型、毛笔、小油画板、红、黄、绿三色丙烯颜料、水粉笔刷、画纸

创作过程：

我最喜欢这个红红的苹果。

我的苹果是绿绿的！

作品展示：

这是我的苹果，有红色，还有点黄。

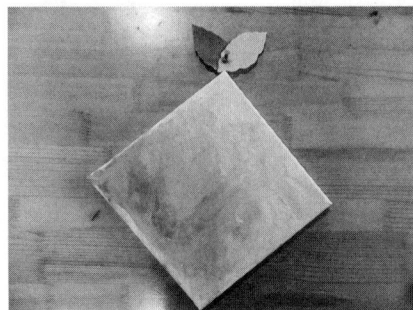

我的苹果一边绿，一边黄。

活动反思

第一步：执教老师反思

幼儿通过参与"我给苹果拍张照"的游戏，能够仔细观察苹果的颜色特点。通过自主选择颜料，用小水粉刷画出了自己心中的苹果。作品颜色各异，呈现了小班涂鸦作品的特点。

第二步：班级教师沟通

教师1：幼儿能够自主选择自己看到的苹果颜色，进行作品创作。

教师2：他们对色彩的涂鸦很感兴趣，特别专注。

教师3：他们也非常关注水果的气味，都喜欢拿起来闻一闻。

游戏五

游戏名称：好吃的苹果串

物质准备：削好皮的苹果切块或切片、去尖并用水泡过的竹签、一次性纸盘

创作过程：

老师在介绍穿水果串的方法！

一个，两个，仔细穿果串。

作品展示：

自己做的果串真好吃啊！

我再给爸爸、妈妈做一个！

活动反思

第一步：执教老师反思

幼儿特别喜欢玩穿果串的游戏，每个人都想在自己的小竹签上多穿一点，他们的小手一块一块地拿着苹果块，小手都快拿不住果串了。吃果串的时候，小嘴巴一刻都不停地动，还一个劲儿地说好吃。但要注意幼儿制作时的卫生，掉在地上水果的处理办法需要引导。

第二步：班级教师沟通

教师1：幼儿特别愿意穿果串，喜欢这种制作形式。

教师2：小班幼儿都喜欢品尝这一环节，这种方式更容易让幼儿接受，也更加适合他们的年龄特点。

游戏六

游戏名称：漂亮的水果拼盘

物质准备：各种切好的水果、一次性纸盘

创作过程：

我们自己选要拼的水果。

我们开始做水果拼盘啦！

作品展示：

我这个是小花拼盘！

看看我的小蛋糕水果拼盘！

活动反思

第一步：执教老师反思

通过水果拼盘的活动，幼儿对不同颜色的水果产生了浓厚的兴趣，能够自主拼摆，并通过使用不同形状的水果块进行作品形象的创作。愿意将自己拼摆的形象与他人分享，更加自信。

第二步：班级教师沟通

教师1：幼儿喜欢拼摆这种形式，愿意用不同的水果进行创作。

教师2：他们愿意选择色彩鲜明的水果进行对比搭配。

教师3：开始有了与家人分享的意识，愿意带回家与家人分享。

游戏七

游戏名称：煮梨水

物质准备：梨、冰糖、透明水壶、塑料菜板、塑料小刀

创作过程：

我们把梨切成适合煮的小块。

我们把切好的梨块放到盘子里。

作品展示：

切出了一大盘梨块。

和爸爸、妈妈一起分享我们煮的梨水！

活动反思

第一步：执教老师反思

幼儿喜欢切梨和煮梨水的过程，更加喜欢亲自动手操作的感觉，愿意品尝并了解分享的重要性。活动中要进行安全方面的引导，注意保护自己和他人，不做危险的事情。

第二步：班级教师沟通

教师1：在活动过程中，幼儿能够自主进行梨的选择与切割，对煮梨水特别感兴趣。

教师2：初步了解煮梨水的步骤了。

教师3：愿意将梨水带回家，与家人分享自己的成果。

主 题 总 结

1. 幼儿

通过与苹果、梨做游戏，幼儿了解和感受了这两种水果的特征和结构，通过拼摆、拓印、穿串等方法进行了有趣的游戏，并在其中获得了成功的体验。

2. 教师

通过本次的主题活动开展，让幼儿在自己熟悉的苹果和梨这两件事物中有了新的发现。生活方面，幼儿对苹果的特征更加了解。艺术方面，开拓了更多的创作形式，是一次教师和幼儿共同提升、成长的过程。

3. 家长

通过参加主题的建构及教师的指导，了解了该如何与幼儿探索身边事物的特性，该如何与幼儿进行亲子制作的游戏。帮助家长与幼儿间建立了非常好的亲子关系。

六、和棉花做游戏

主题名称

和棉花做游戏

主题由来

操场上，乐乐正在小心翼翼地拽衣服上的什么东西。细细一看，原来乐乐的棉背心坏了一个口子，露出了白花花的棉花。乐乐在揪棉花的过程中，他发现棉花摸起来软软的，轻轻的，一拽还能变长，还能揉成一团一团的。就这样，乐乐就一丝儿丝儿地往外拽，在手中揉成团，还变成棉花糖送给小朋友吃，真是有意思极了。

让我们和棉花来一次亲密接触吧，让孩子们尽情地和棉花做游戏吧！相信在游戏中他们会更加了解棉花。

主题前例会

第一部分：班级教师集体备课——先行玩起来

教师1：提起棉花，我就想起大大的棉花糖，可以开展做棉花糖的游戏。

教师2：我想到的是天空中一片片白云，可以在户外活动时带领幼儿观察白云，并开展用棉花拼摆白云的游戏活动。

教师3：我想到的是小羊身上白白的羊毛，就像一团团棉花一样，软软的。我们可以玩给小羊贴羊毛的游戏，应该会很有意思吧！

教师4：提起棉花，我还想到老爷爷的大胡子，我们可以玩贴胡子的游戏啊，应该很好玩。

教师5：我爱吃蛋糕，棉花白白的，就像是蛋糕上的奶油，我们可以用棉花装饰蛋糕，玩贴奶油的游戏！

第二部分：和幼儿、家长共同来讨论，编织"游宝图"（即"主题网络图"）

第一步：幼儿摆弄、操作材料

第二步：共同讨论

通过与家长们的讨论，大家都不约而同地想到用棉花粘贴棉花糖、白云、小绵羊等形象的游戏内容。同时，有的家长还提到了雪人、圣诞老人等，还可以带幼儿感受棉花能吸水的游戏活动。

我们初步形成了主题游宝图：

第三部分：班级教师集体备课——可利用的资源

1. 主题相关的背景知识

棉花，是植物种子的纤维。棉花原产于亚热带。一般为1～2米。开乳白色花朵，不久转成深红

做个好吃的棉花糖送给你 ——→ 棉花糖变变变 ——→ 好吃的蛋糕

小绵羊 ←—— 小雪人 ←—— 圣诞老爷爷的大胡子

彩色棉花大聚会 ——————→ 彩色棉花大拼摆

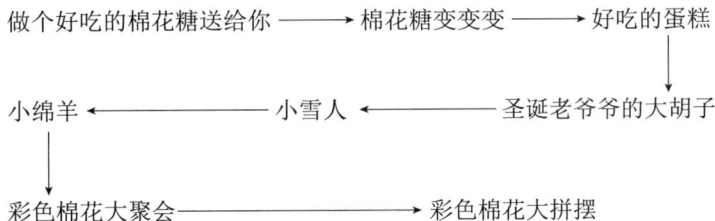

色，然后凋谢，结出绿色的棉铃。棉铃内有棉籽，棉籽上的茸毛从棉籽表皮长出，塞满棉铃内部。棉铃成熟时会裂开，露出柔软的白色或浅黄色纤维。棉花产量最高的国家有中国、美国、印度等。

2. 儿歌、故事、歌曲等相关资料

（1）儿歌：

棉　花

棉花娃娃吹泡泡，
吹出只只大青桃，
桃子熟了不能吃，
咧开嘴儿吐白气，
好像白云一朵朵，
又似爷爷胡子飘。

（2）歌曲：

棉　花　糖

棉花糖，棉花糖，
我是一颗棉花糖，
变变变，变变变，
变出小兔来。
棉花糖，棉花糖，
我是一颗棉花糖，
变变变，变变变，
变出小熊来。

3. 家长、社会资源

（1）家长：与幼儿在家中寻找、收集棉花。在此过程中，感受棉花的特点。同时，还可以开展棉花画的拼摆及粘贴等亲子游戏活动。

（2）社会资源：去棉花地里参观，了解棉花的生长过程。如有机会，可尝试"采摘棉花"的活动。

主题目标

幼儿所能获得的

1. 感受及体验用棉花进行游戏的快乐。
2. 感受棉花的特性。
3. 尝试用棉花缠绕、团、卷、拼摆、粘贴等方式进行游戏。
4. 能够根据自己的喜好，掌握喷、撒等装饰方法。

教师所能获得的

1. 根据幼儿的年龄特点，选择适合幼儿操作的游戏材料。
2. 从幼儿操作中的表现，感受幼儿对活动的喜爱。

家长所能获得的

1. 了解班级主题活动内容，并积极配合。

2. 在日常生活中，注重引导幼儿感受与探索身边的事物。

3. 通过与幼儿一起游戏，建立良好的亲子关系。

主题进行

游戏一

游戏名称：做个棉花糖送给你

物质准备：棉花、小木棍（无尖，水泡过）、自制彩色水（装在小喷壶中）、彩沙

创作过程：

棉花软软的，还能拽好长哦！

我缠啊缠，绕啊绕，
做个大大的棉花糖！

作品展示：

看，我们的棉花糖做好了。

好甜啊，好想吃一口啊！

活动反思

第一步：执教老师反思

好吃的糖果，永远是小班幼儿的最爱。生活经验，永远是幼儿表现与创作的前提和基础。结合幼儿生活经验及兴趣开展活动，基本上活动已经成功了 80%，剩下的要在材料及注意事项上多加考虑，一次成功的活动就诞生了。

第二步：班级教师沟通

教师 1：今天的活动中，幼儿情绪高涨，能够根据棉花糖的特征和自己的喜好，进行大胆地制作。最重要的是，当他们拿着自己的棉花糖送给家长时，家长无比感动，幼儿自我成就感得到了很大

的提升。

教师2：嗯，看到幼儿的作品，就像来到了糖果店一样。这充分说明他们对棉花糖的典型特征有了明确的认识和了解。我们可以围绕棉花糖溶化了，变成各种不同事物，开展棉花拼摆游戏活动。

游戏二

游戏名称：棉花糖变变变

物质准备：棉花、卡纸

创作过程：

我们要开始玩喽！

棉花糖变成了小汽车喽！

作品展示：

大面条做好啦！

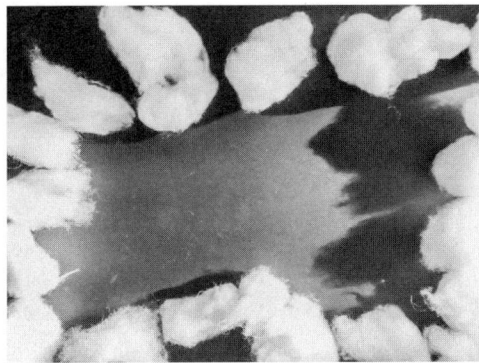

方形的小花坛

活动反思

第一步：执教老师反思

打破传统的固有模式，放弃笔和纸的习惯搭配。拼摆游戏，同样可以很精彩，而且更加适合小班幼儿。作品通过拍照进行保留和展示，使画面更具艺术性！

第二步：班级教师沟通

教师1：今天的拼摆游戏，幼儿表现得很专注。他们在情景游戏的带领下，根据自己的喜好及经验，用棉花拼摆出很多不同的事物，同时非常地快乐。

教师2：在活动中，我看到了幼儿的专注，在写名字的时候，他们还纷纷地给我讲他们画面中的故事呢！

教师3：在接下来的活动中，可以围绕着棉花再开展更多的活动，如变成大蛋糕，结合圣诞节，变成圣诞老爷爷的胡子等，有主题地进行游戏活动。

游戏三

游戏名称：好吃的蛋糕

物质准备：彩色毛球、纸条、羽毛、毛根、彩沙、彩片、白色盒子、棉花

创作过程：

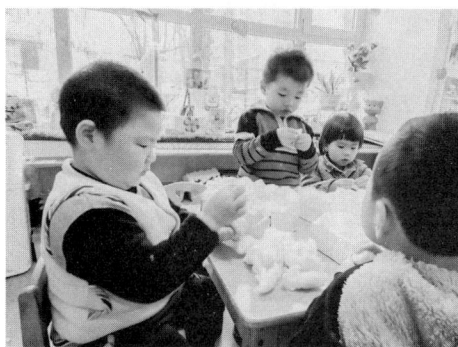

我要为我的蛋糕加奶油啦！

放上点漂亮的"水果"吧！

作品展示：

看，我们的蛋糕做好了！

我的蛋糕上有好多水果！

活动反思

第一步：执教老师反思

"团结力量大"，小班幼儿也可以尝试一下几个伙伴共同做事的方式。他们虽然有争吵，但更多的是在争吵中学会了解决问题的方法。

第二步：班级教师沟通

教师1：几名幼儿一起做一个大蛋糕，节省了时间，还增进了友谊，更重要的是在这个过程中，丰富了与他人合作的经验。

教师2：活动开展得很好，幼儿的兴趣也高，但要注意良好常规习惯的养成，这也很重要哦！

教师3：继续围绕幼儿的兴趣，开展更多的游戏。

游戏四

游戏名称：圣诞老爷爷的大胡子

物质准备：圣诞老爷爷的模型、棉花、乳胶、双面胶、手工袋、自制圣诞老爷爷五官和帽子

创作过程：

先抹上胶水，再来粘胡子。

胡子粘好，再来粘上眼睛和嘴巴，
还有小帽子！

作品展示：

圣诞老爷爷的胡子回来喽！

我们也帮圣诞老爷爷长上了胡子，好开心！

活动反思

第一步：执教老师反思

节日对于人们的生活有着重要的影响。我们可以结合节日进行游戏活动，不仅体会了游戏的快乐，感受了节日的喜悦，还能让人们久久不能忘怀。相信幼儿和我们一样，亲身参与的活动一定会记住。

第二步：班级教师沟通

教师1：幼儿对于圣诞老爷爷有了清楚地认识和了解。在开展游戏过程中，能够自如地创作和表现。

教师2：虽然是两组不同方式的游戏，但都独具韵味，幼儿都很喜欢。

教师3：继续围绕幼儿的兴趣，开展更多的游戏。

游戏五

游戏名称：小雪人

物质准备：棉花、白色纸条、纸片、一次性纸盘、自制眼睛、嘴巴

创作过程：

我要为我的雪人穿衣服啦！　　　　多抹些胶，粘得更结实。

作品展示：

我的小雪人穿毛衣啦！　　　　小雪人的扣子特别漂亮！

活动反思

第一步：执教老师反思

偶然间，天空中飘落了几片雪花，幼儿兴奋极了！他们感受着冬季特有的气氛，快乐地在雪地上奔跑。有的幼儿还尝试着堆雪人。借此机会，我们运用棉花进行堆雪人的游戏，别有一番滋味。

第二步：班级教师沟通

教师1：幼儿能够抓住雪人的典型特征进行表现和创作。

教师2：如果雪人加上顶帽子，就更完美了。

教师3：可以围绕羊年即将来临，尝试制作小绵羊的游戏。

游戏六

游戏名称：羊年大吉

物质准备：棉花、剪刀、胶棒、手工布、画有绵羊轮廓的黑卡纸

创作过程：

我要为我的小绵羊贴上毛啦！

我给小绵羊贴上眼睛啦！

作品展示：

我的小绵羊穿毛衣啦！

我的小羊羊毛多多的！

活动反思

第一步：执教老师反思

恰逢羊年即将来临，用棉花卷、团做羊毛，让光秃秃的小羊也增加了几分温暖。

第二步：班级教师沟通

教师1：幼儿对于用棉花卷、团有了一定的经验。

教师2：在粘贴过程中，需要让幼儿掌握正确的粘贴方法，还要养成良好的习惯，及时收拾、清理桌面，保持环境整洁。

教师3：前几次开展的活动都是美术活动，对于棉花的特性探索得还不够，如棉花的吸水性，后面可以围绕这方面进行游戏。

游戏七

游戏名称：彩色棉花大聚会

物质准备：去尖的竹签、棉花、一次性透明塑料杯、一次性纸杯、不同颜色的颜料、水

创作过程：

我要把小棉花团成球！　　　棉花放进塑料杯里啦！　　　我的棉花变成青椒味的啦！

作品展示：

看，我们蔬菜口味的棉花做好了。　　　我们的棉花颜色真漂亮！

活动反思

第一步：执教老师反思

采用游戏情景方式，将科学探究活动与美术活动密切联系，使幼儿获得更多的发展。

第二步：班级教师沟通

教师1：通过游戏，幼儿对棉花的吸水性有了一定的认识和了解。

教师2：可以把吸了水的棉花晒干，再用彩色棉花进行拼摆游戏，相信会出现另一番景象吧！

游戏八

游戏名称：彩色棉花大拼摆

物质准备：幼儿自制彩色棉花、黑色卡纸

创作过程：

我要拼个绿色的大树。　　　公园里的小粉花可漂亮了。

作品展示：

小朋友们在做游戏呢！

花园里的花，漂亮吗？

活动反思

第一步：执教老师反思

同样的材料、同样的活动方式，活动效果却截然不同，只是因为多了几分色彩。我相信，这就是色彩的魅力，它能够让事物更丰富、更具灵性。

第二步：班级教师沟通

教师1：幼儿已经玩了一段时间的棉花了，兴趣淡了，也有所转移了。

教师2：嗯，但我们可以将棉花这种材料一直投放在美工区中，鼓励幼儿去玩，去创造更多、更有意思的事物。

主题总结

1. 幼儿

通过与棉花的亲密接触，幼儿了解和感受了棉花的特性，并通过拼摆、搓条、卷、团等方法进行了丰富的游戏，从中获得了成功的体验。

2. 教师

通过此次主题，在活动的组织和设计方法上有了新的尝试，也有了很大收获。如：兴趣、经验永远是开展活动的前提，也可以结合节日、季节等，贴近幼儿生活的内容开展活动。

3. 家长

通过参加主题的建构及教师的指导，了解了该如何与幼儿探索材料的特性，该如何与幼儿进行亲子制作的游戏，和幼儿建立了非常好的亲子关系。

七、橘子、柚子大集合

主题名称

橘子、柚子大集合

主题由来

秋季是水果比较丰富的季节，而橘子又是孩子们最为熟悉的水果。一次午点吃橘子时，一位小朋友的话引发了班中所有孩子的讨论："橘子酸酸的、甜甜的，我妈妈经常给我买，可好吃了！""我也总吃橘子，我还会自己剥橘子呢！""看！我的橘子皮还能流水儿呢！""我家的橘子可大了，有那么大！"这位小朋友边说、边用双手比划着。"不对！那不是橘子！橘子只有这么大的。""啊？那么大？""柚子才那么大呢！"……一时间整个活动室热闹起来。于是，我们以橘子和柚子这两种水果为切入点，与孩子们一起感受、探索、游戏，从而拓展出与之相关的知识和经验。

主题前例会

第一部分：班级教师集体备课——先行玩起来

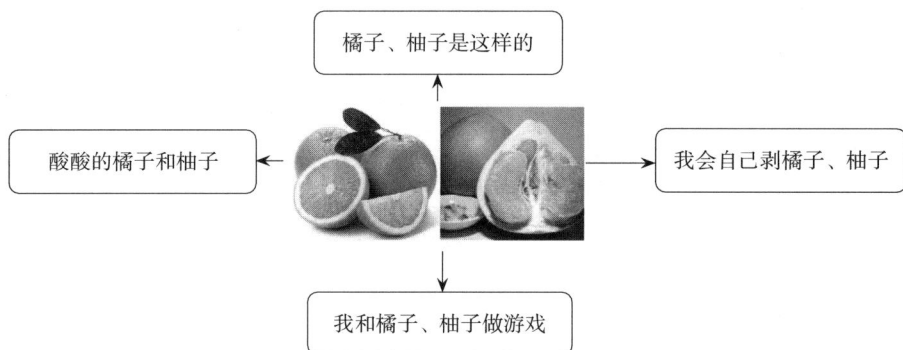

第二部分：和幼儿、家长共同讨论，编织"游宝图"（即"主题网络图"）

第一步：幼儿摆弄、操作材料

第二步：与家长一起讨论"橘子、柚子大集合"恩物主题内容

第三步：共同讨论

教师1：我觉得可以从幼儿的关注点——午点吃橘子、柚子入手，激发幼儿兴趣。同时，引导他们发现橘子与柚子的不同。

教师2：可以引导幼儿剥橘子、柚子，再结合画、唱等多种形式，进行多领域整合教学。

教师3：可以用多种美术形式来贯穿。

教师1：多多关注幼儿的兴趣点，跟随他们的"进程"，来丰富他们的感知经验。

第三部分：班级教师集体备课——可利用的资源

1. 主题相关的背景知识

橘子和柑子统称为柑橘，一般呈橘黄色，也有青色或其他颜色，是人们生活中最常见的水果之一。剥开果皮才可以食用，果肉酸甜可口，呈瓣状。果皮具有祛咳止痰的功效，可以入药。

柚子果实硕大，扁球形或梨形，最重者可达3千克，果皮光滑，绿色或淡黄色。在西双版纳，柚子被人称为"泡果"。

2. 儿歌、故事、歌曲等相关资料

儿歌：

橘　子　船

橘子橘子圆圆，

剥开像只小船。

小船小船开开，

开到宝宝嘴里来。

3. 家长、社会资源

（1）和幼儿一起搜集橘子、柚子。

（2）带幼儿去水果商店或超市，观看、选购橘子和柚子。

（3）鼓励幼儿多吃水果，逐步养成爱吃水果的生活习惯。

主题目标

幼儿所能获得的

1. 喜欢大自然，对周围的很多事物和想象感兴趣。

2. 愿意用绘画、歌唱、讲故事等形式来表现橘子和柚子。

3. 认识橘子、柚子，感知它们的明显特征和差别。

4. 喜欢吃水果，知道多吃水果的好处。

5. 愿意和小朋友一起游戏，从中体会游戏带来的快乐。

6. 能用自然的声音表达自己的想法，愿意说出自己的想法。

7. 能够遵守游戏规则。

8. 喜欢探索关于橘子、柚子的问题，喜欢摆弄。

9. 发现橘子、柚子身上的"宝贝"加以利用。

10. 能够感知橘子、柚子的大小、果肉瓣数的多少等特性。

11. 喜欢用橘子、柚子做游戏。

12. 喜欢在橘子、柚子上涂涂画画、粘粘贴贴，并乐在其中。

教师所能获得的

1. 提高自身观察力，从而更好地关注幼儿的兴趣点。

2. 通过此次恩物主题活动，进一步了解本班幼儿在五大领域中的现有水平及知识经验。

家长所能获得的

1. 能够了解到幼儿感兴趣的事件，更好地做好家园配合工作。

2. 能够更加明确自身可以给予孩子的支持。

3. 与孩子玩其喜欢的水果小游戏，增进亲子感情。

主题进行

游戏一

游戏名称：柚子宝宝

物质准备：大柚子一个、三原色毛根、三原色纸黏土

创作过程：

先来比一比谁的柚子大，再用各种材料装饰柚子。

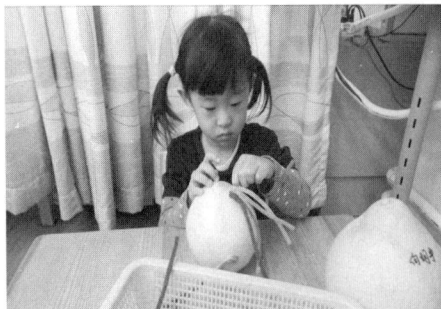

我们给柚子打扮打扮！

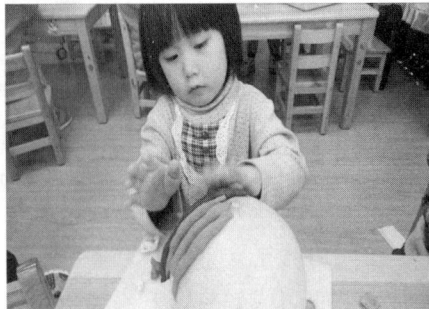

我的大柚子马上变漂亮了！

作品展示：

看看我的柚子娃娃多可爱！

大家一起真 Happy!

活动反思

第一步：执教老师反思

本次活动中，幼儿表现出浓厚的兴趣，很喜欢运用柚子与美术材料进行创作，幼儿的欢笑声不断，还有的幼儿提到了想和橘子做游戏，于是预设下次活动——橘子皮宝宝大变身。

第二步：班级教师沟通

1. 可以丰富幼儿自身动手感知，来进一步认识和激发幼儿对橘子和柚子的兴趣。

2. 培养幼儿自我服务的意识，在需要时能够主动向成人或伙伴寻求帮助。

3. 为幼儿提供必需的工具，如方便的桌面小垃圾桶。

游戏二

游戏名称：橘子皮宝宝大变身

物质准备：黑卡纸、午点时收集的橘子皮若干

创作过程：

我想好了再来摆！

你们拼的是小路吗？车来了！

作品展示：

我们一起来开车！

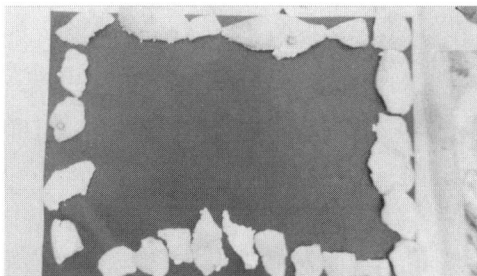

哇，好看的相框！

活动反思

第一步：执教老师反思

本次活动中，幼儿对剥橘子皮产生了浓厚的兴趣，并能够观察、尝试运用橘子皮自由拼摆成喜欢的样子。有的幼儿说自己拼的是小蛇，有的幼儿说他摆的是下雨的时候，还有的幼儿关注到了橘子剥开后里面的橘子瓣，于是预设下次活动——橘子真好玩。

第二步：班级教师沟通

1. 活动后，幼儿对小橘子产生了浓厚的兴趣，并且很喜欢通过动手操作，来获得成功的自信和喜悦。因此，可以在下次活动中，继续多给幼儿自由创作的空间和时间。

2. 可以在幼儿探索橘子内部结构时，鼓励幼儿自由创作，借物造型，如玩橘子瓣。同时，与生活经验相结合，知道吃水果前要洗干净手。

3. 充分利用生活各个环节，利用午点时间与幼儿进行创作、分享。

游戏三

游戏名称：橘子真好玩（拼摆游戏）

物质准备：橘子人手一个、小盘子、毛巾、小塑料桶

创作过程：

老师看！他的是绿色的，我的是橘色的。

你的橘子是酸酸的吗？

我来帮小橘子脱下衣服！

嘿哟！小橘子的衣服真结实！

作品展示：

我摆的小兔子，有两只小耳朵！

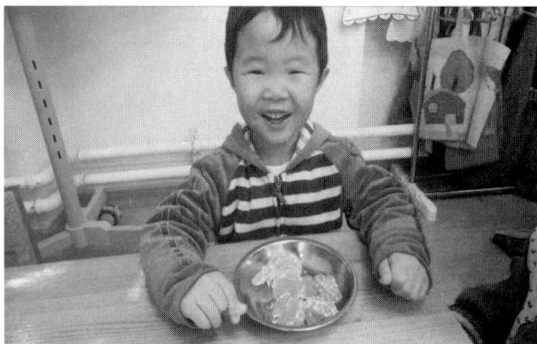

哈哈！看我的大马！

活动反思

第一步：执教老师反思

在上次活动的基础上，幼儿很快就将橘子剥开了，并能够主动运用橘子瓣在盘子中拼摆喜欢的图案，还激动地找来教师要求拍照，嘴里还说着："看！我的大火车！""瞧！我摆的小花漂亮吗？""看！我摆的跷跷板！"还有的幼儿说道："我们玩这个游戏得把小手洗干净！要不然小橘子瓣就不开心啦！"

有的幼儿提到了自己的爸爸、妈妈用橘子还给他做过橘子汁，他们对这个内容表现出很期待，于是预设下次活动——橘子汁。

第二步：班级教师沟通

1. 尊重幼儿的表达，与家长交流活动进行的内容，阐述活动的目的，以亲子的形式，在家庭中鼓励幼儿动脑筋、想办法将橘子变成橘子汁。

2. 教师将幼儿在家制作橘子汁的情况用照片或视频的方式进行记录，通过分享活动来帮助幼儿提升原有生活经验。

游戏四

游戏名称：橘子汁

物质准备：橘子若干、各种榨汁工具（小勺、榨汁机、擀面杖等）

创作过程：

我会自己做橘子汁！

我也会做橘子汁！使劲按就能出汁！

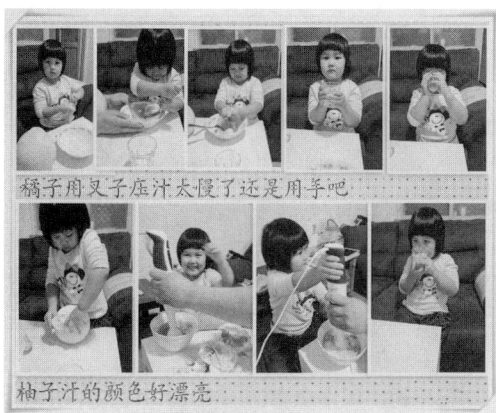

我做了好多的橘子汁呢！

哇！小勺也能挤出橘子汁来！

作品展示：

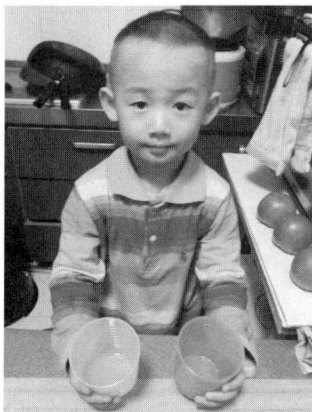

瞧！我做了两杯
橘子汁呢！

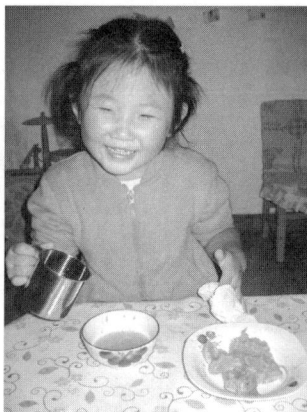

快来尝尝吧！橘子汁
好酸呀！

活动反思

第一步：执教老师反思

在这次制作橘子汁的活动中，幼儿的兴趣点得到了进一步的提升，尝试运用多种方法来制作橘子汁。有的幼儿直接用手挤；有的幼儿用小勺来压；有的幼儿用榨汁机制作；在探索的过程中，幼儿很开心并增进了彼此的感情。幼儿由制作橘子汁的活动引发了想再次和柚子做游戏，于是生成了活动——柚子皮宝宝大变身。

第二步：班级教师沟通

1. 可以通过色彩活动，来激发幼儿想出更多剥柚子皮的方法。鼓励幼儿利用柚子皮大胆创作。

2. 引导幼儿发现橘子皮与柚子皮的薄厚不同，因此柚子皮难剥。但是柚子皮同样可以进行创作，也是很有趣的事。

游戏五

游戏名称：柚子皮宝宝大变身

物质准备：大柚子若干、白色塑料布、剥好的柚子皮

创作过程：

我的小章鱼马上变身成功！　　　　　　卖鱼喽！

作品展示：

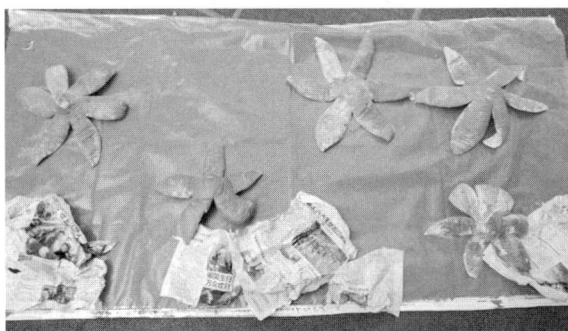

我们起的名字——"章鱼世界"！

活动反思

第一步：执教老师反思

活动中，幼儿通过柚子皮与颜料及刷子的互动，最终做成了他们想要的"章鱼世界"，更有幼儿提到这是"海星世界"。幼儿纷纷表示意犹未尽，还想用柚子皮和颜料玩游戏，于是生成了活动——柚子宝宝变变变。

第二步：班级教师沟通

1. 幼儿在动手与美术工具刷子、颜料互动中，感受到了快乐。下个活动中可以以此为契机，在活动中帮助幼儿认识柚子的内部结构。

2. 在活动过程中，幼儿在使用柚子皮拓印时，对鲜艳的颜色有了更多的认识，如：会边创作、边说："蓝色的天，黄色的柠檬。"

游戏六

游戏名称：柚子宝宝变变变

物质准备：大柚子一个、拓印柚子用的颜料

创作过程：

我在印月亮！

我的小汽车"嘀嘀嘀嘀"开！

作品展示：

妈妈给我买的新鞋子！

活动反思

第一步：执教老师反思

通过本次活动，幼儿再一次与喜欢的柚子皮和颜料进行了亲密接触。他们尝试用大小不同的柚子皮和不同颜色的颜料来创作，并能够大胆与他人分享自己的作品。幼儿由活动又想到要用橘子和柚子一起来游戏，于是生成了活动——小橘子、大柚子。

第二步：班级教师沟通

1. 幼儿在活动中对鲜艳的颜色十分感兴趣，同时还会借助个人已有的生活经验，边运用颜色、边说"看蓝蓝的，是我做的大船""红红的小花"等。

2. 可以利用手工制作的形式，帮助幼儿对橘子有"新的想法"，同时利用多种感官来对橘子进一步探知，引发幼儿开拓思路，通过触摸皱皱的皱纹纸来制作橘子。

游戏七

游戏名称：小橘子大柚子（团球粘贴）

物质准备：小球、胶棒每人一份，裁好大小相同的报纸、粉色皱纹纸若干

创作过程：

我们一起来做小橘子喽！

我把小球变成小橘子。

作品展示：

哈哈！看我们做的小橘子！　　　　快来尝一口吧！

活动反思

第一步：执教老师反思

再次运用多种感官来认知小橘子和大柚子。幼儿自由分成了两个小组，一组制作小橘子，另一组制作大柚子。做完后还要求教师来拍照！幼儿游戏后，还想表现橘子，于是生成了活动——小橘子真好看。

第二步：班级教师沟通

1. 活动中，幼儿喜欢用皱纹纸创作，还会时不时地用小手来回地摸，有的幼儿说"我还见过绿色的橘子""看我的橘子多好看""看我的橘子多圆啊"等。

2. 幼儿表现出用小手与美术材料互动的兴趣，为此可以利用幼儿熟悉的多种美术材料开展下一次活动，满足幼儿与美术材料充分互动的时间与机会。

游戏八

游戏名称：小橘子真好看（分组游戏）

物质准备：颜料、胶棒、皱纹纸、彩笔、画有四种不同图案的小橘子画纸若干

创作过程：

我吃的小橘子里有籽儿。　　　　这个真好玩！橘子变好看了。

作品展示：

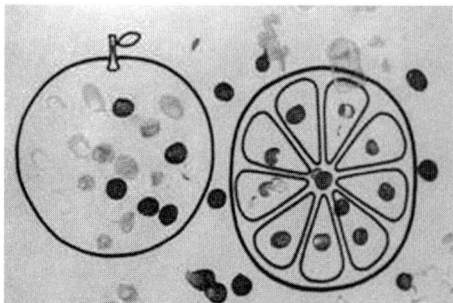

看我的小橘子，里面有籽儿。　　　　我的小橘子摸上去扎扎的。

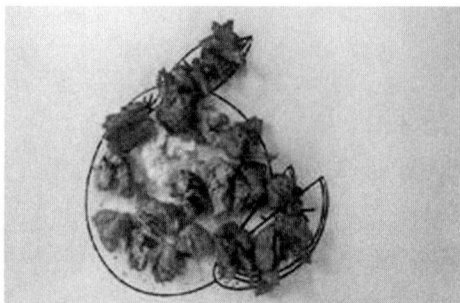

活动反思

第一步：执教老师反思

在这次活动中，幼儿自由分组，选择自己喜欢的美术创作形式。有的幼儿运用手指印画的方式、有的幼儿选择了团纸粘贴的方式、有的幼儿选择了彩笔涂色的方式等，他们玩得不亦乐乎。

在游戏的过程中，幼儿提出"这个橘子不是真的，我们要和真的橘子做游戏"，于是生成了活动——小橘子变变变。

第二步：班级教师沟通

1. 幼儿在活动中自由选择了喜欢的美术材料，利用不同的形式来进行创作，从中获得成功的体验。

2. 有的幼儿有了初步的"借物造型"意识，对连接物（双面胶、胶棒）的使用还不是很熟练。为此在进行下次的制作活动中，重点关注这些幼儿，帮助他们建立造型的认识与经验。

游戏九

游戏名称：小橘子变变变（分组游戏）

物质准备：橘子、胶棒、羽毛、彩纸等

创作过程：

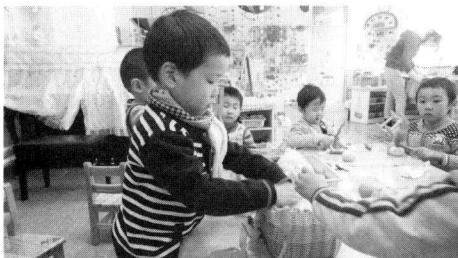

我先给小橘子搭个家！

我就喜欢小汽车！

作品展示：

我的小猪！多好看！

我们的橘子宝宝回家了！

活动反思

第一步：执教老师反思

本次活动中，幼儿运用真实的橘子和喜欢的材料进行游戏。有的选择了羽毛，有的选择了剪好的不织布半成品、泥钉等，用这些材料制作了大鼻子的小猪、橘子毽子。在游戏过程中，他们想继续运用橘子皮和柚子皮进行游戏，于是生成了活动——蔬菜水果大集合。

第二步：班级教师沟通

1. 幼儿喜欢运用连接物及美术半成品来进行创作，初步对造型有了更多的感知与体验。

2. 活动中，幼儿再一次表现出对鲜艳颜色的喜爱，可以在下一次的活动为他们准备更多的颜料，进一步丰富幼儿的认知，利用颜色间的对比及视觉冲突来进行创作。

游戏十

游戏名称：蔬菜水果大集合

物质准备：八种颜色的水粉颜料、橘子皮、柚子皮

创作过程：

我先给柚子皮涂上颜色！

我的茄子好吃！我的香蕉也很好吃！

作品展示：

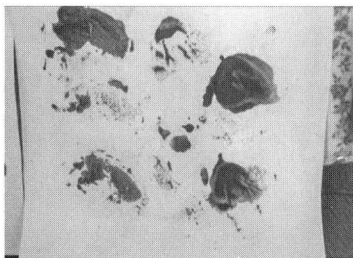

看，我的大茄子！

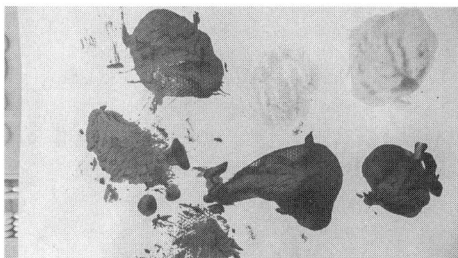

我和西红柿！

活动反思

第一步：执教老师反思

在这次活动中，幼儿通过使用橘子皮和柚子皮，以及不同颜色的颜料、毛笔等美术工具材料，再一次进行创作，形成了班级的"种植园"，有西瓜、胡萝卜、茄子、西红柿等。

第二步：班级教师沟通

1. 幼儿再一次进行的颜色、实物及美术工具材料间的活动，体验了成功的喜悦，并能结合自己的生活经验进行创作，如紫色的茄子。

2. 部分幼儿由始终只用一种颜色，逐渐开始大胆尝试运用多种颜色来表现。

主 题 总 结

1. 幼儿

在开展主题活动中，我们让幼儿在有趣的、生活化的情境中，去探究水果的外形、颜色，品尝水果的不同味道，尝试自己动手剥水果，欣赏用水果做的水果画、水果娃娃等。我们积极地发动家长配合我们的工作，在家长的支持下，幼儿纷纷从家里带来了各种各样的水果。于是，我们预设了"剥橘子""橘子真好玩"等一系列活动，幼儿从闻一闻、摸一摸、猜一猜、尝一尝活动中，了解了橘子、柚子的明显不同特征。他们把自己感受的味道学着用语言表达出来。有的孩子说"弯弯的橘子像小船""弯弯的橘子像眉毛"……

活动中，幼儿装饰了橘子娃娃，用它又布置了种植园。幼儿看着自己亲手做的作品，他们都非常欣喜。在整个恩物主题活动开展中，幼儿参与表现与表达得更多，充分让幼儿运用各种感官感知，逐步提升幼儿对美的感受力、表现力。

2. 教师

通过本次的"橘子柚子大集合"恩物主题活动，使我们更加细致地观察到了的兴趣点，从中了解本班幼儿现阶段在五大领域中的发展现状，以及需要我们来给予他们的物质及精神环境的支持，从而提高了自身的专业能力。

3. 家长

通过参与此次的恩物主题活动，家长们与教师之间有了良好的沟通。与此同时，能够在教师专业的引领下，尝试运用科学的方法育儿。如：和幼儿一起探索"怎样能够榨出橘子汁来"这一亲子活动，家长们给予幼儿足够的物质支持，并鼓励幼儿尝试运用多种方法来榨橘子汁，加深了亲子感情。

八、我喜欢的冬天

主题名称

我喜欢的冬天

主题由来

冬天到了，自然界发生了很大的变化。小朋友们的衣着也发生了很大的变化，戴起了各式各样的帽子、手套、围巾。在日常的生活中，小朋友们发现了彼此的帽子、手套、围巾有不同的颜色，上面还有不同的卡通图案，每个小朋友的都不一样。基于尊重幼儿观察身边事物的特点与规律，我们特意进行了本次主题活动"我喜欢的冬天"，一起欣赏大自然赋予冬天的着装和小朋友们自己着装的变化，了解这些恩物存在何种作用，促进幼儿观察能力的提升，增强幼儿对大自然的喜爱之情。

主题前例会

第一部分：班级教师集体备课——先行玩起来

1. 到公园里观察发现自然界冬天的变化，树木花草的变化。

2. 运用班级内材料剪纸、纸黏土、颜料，进行冬天恩物的制作。

3. 感受冬天人们的穿着变化。

4. 运用各种各样的材料如皱纹纸、不织布等，进行冬天衣物的制作。

第二部分：和幼儿、家长共同来讨论，编织"游宝图"（即"主题网络图"）

第一步：幼儿摆弄、操作材料

1. 幼儿与户外的小树玩耍，触摸感受树木。
2. 幼儿用班级内的材料进行操作，感受纸黏土、皱纹纸。

第二步：共同讨论

教师1：我们可以带幼儿一起去公园，感受一下冬天。

教师2：可以带幼儿一起去动物园看一看，动物在冬天会做什么。

教师1：我们可以引导幼儿发现自己和动物们的区别，关心帮助小动物过冬。

教师3：可以给自己喜欢的小动物穿上厚厚的衣服。

教师2：我们可以把家里的玩偶带到幼儿园，陪伴小朋友们一起过冬天。

教师3：制作漂亮的外衣，正好可以给小动物穿。

教师1：还有冬天的帽子、围巾、手套等。

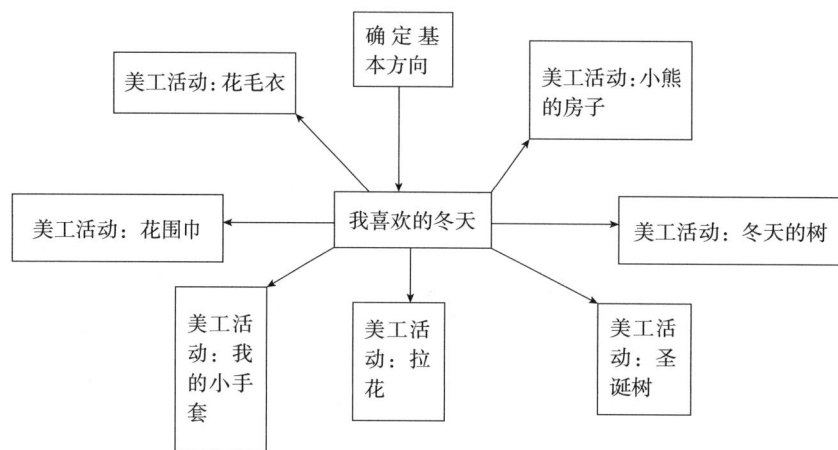

第三部分：班级教师集体备课——可利用的资源

1. 主题相关的背景知识

冬天的主要特征有：冬天，天气越来越冷了，刮起了西北风。人们穿上了厚厚的棉衣，戴上了手套、围巾和帽子。大雁、燕子飞到南方去过冬了。小河水结冰了，小鱼在冰面下的水底游玩。天下起了雪，小朋友在雪地里堆雪人、打雪仗。柳树的树叶都掉光了，只剩下光秃秃的树枝。小草也变黄了，枯萎了。冬天，只有腊梅开花了。狗熊、蛇、刺猬、青蛙等很多动物都冬眠了。猫、狗身上长出厚厚的毛，长得胖胖的。

2. 儿歌、故事、歌曲等相关资料

儿歌：

冬

冬天到，喜鹊叫，朵朵雪花像鹅毛。

松树柏树绿油油，腊梅水仙开得好。

雪下麦苗眯眯笑，冬眠动物睡大觉。

堆雪人

堆呀堆，堆雪人，圆圆脸儿胖嘟嘟。

大雪人，真神气，站在院里笑眯眯。

不怕冷，不怕冻，我们一起做游戏。

冬天的小鸟

风吹哨，雪花飘，小鸟饿得喳喳叫。

小弟弟，把雪扫，撒把谷粒喂小鸟。

冬 公 公

冬公公，白眉毛，吹吹气，呼呼叫，

吹得江上跑冰帆，吹得满天雪花飘。

3. 家长、社会资源

（1）家长带领幼儿一起去户外感受冬天，发现冬天的变化。

（2）家长与幼儿在家中一起找出冬天穿的衣物，并将自己喜欢的带到幼儿园来与小朋友们分享。

主题目标

幼儿所能获得的

1. 喜欢参加集体活动，在活动中体会游戏的快乐。

2. 能够根据已有的生活经验进行分析。

3. 通过活动，能掌握团纸粘贴的方法，养成良好的粘贴顺序。

4. 通过活动体现自己对小动物的关爱之情。

5. 培养幼儿对美术活动的兴趣。

6. 能够按照自己的意愿对圣诞树进行装饰。

7. 能够在活动中进行选择，按照自己的意愿，通过多种方式进行操作活动。

8. 通过对教室环境的装饰，激发幼儿的自信心，提高审美能力。

9. 培养幼儿对美术活动的兴趣。

教师所能获得的

1. 能够了解幼儿对季节变化的真实感受。

2. 通过活动，让幼儿学会保护自己的身体，免受寒风侵袭。

家长所能获得的

1. 能够与幼儿共同体验冬天，接触真实的大自然，感受冬天的特别。

2. 与幼儿相互关心，增进亲子关系，了解彼此的需求。

主题进行

游戏一

游戏名称：冬天的树枝

物质准备：印有不同树干图案的画纸、棕色颜料、棉签

创作过程：

我们来选择喜欢的大树干。

我来蘸点颜料吧！

作品展示：

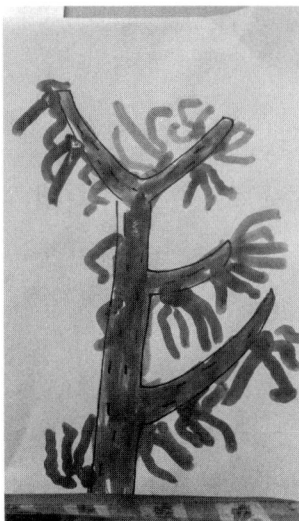

小树枝快乐地在一起。　　　　　　淘气的小树枝在跳舞。

活动反思

第一步：执教老师反思

幼儿在观察的过程中，发现树枝细细长长的特点，在绘画的过程中也能清晰地表现出来。幼儿对于使用小棉签来做画非常感兴趣，也觉得很神奇。在感知和操作中能够对大树宝宝产生情感，将大树宝宝的胳膊画得长长的。

第二步：班级教师沟通

教师1：为幼儿提供更多的颜色进行创作，不局限于棕色。

教师2：我们可以给幼儿提供一些照片欣赏。在户外欣赏的时候，幼儿一般会从下往上进行欣赏和观察，看不到树顶的样子，限制了幼儿的创作。

教师3：棉签可以提供到美工区，供幼儿选择。

游戏二

游戏名称：花围巾（粘贴）

物质准备：印有不同围巾图案的画纸、胶棒、不同图案的彩色纸片

创作过程：

我们来选择喜欢的围巾。　　　　　　看！我们在认真地装饰围巾。

作品展示：

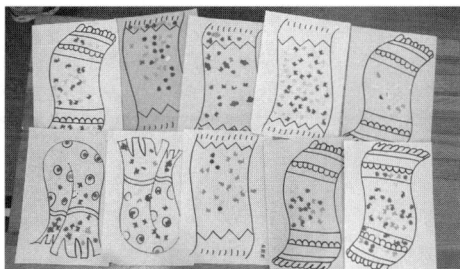

看，我们的围巾多漂亮啊！

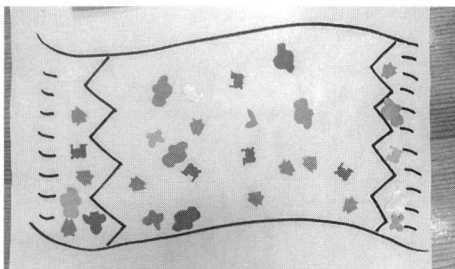

我的围巾上有漂亮的图案。

活动反思

第一步：执教老师反思

幼儿非常喜欢各种各样漂亮的压花纸片。出于对小动物的喜爱，幼儿会更加期待为小动物做出漂亮的围巾。在围巾的制作上，幼儿学习使用了胶棒，掌握了新的技能。

第二步：班级教师沟通

教师1：幼儿在活动中非常投入，可以看出他们非常喜欢此类活动。

教师2：能够利用幼儿的情感进行活动，激发了幼儿兴趣。我们可以将小纸片做成大小不一的形状，这样他们可以有更多地选择，可能还会比较纸片的大小。

教师3：我们给幼儿提供各种造型的围巾，让他们自主选择。

游戏三

游戏名称：花毛衣

物质准备：胶棒、彩色皱纹纸、水彩笔、小衣服

创作过程：

小动物要过冬了，我们一起给
它们制作衣服吧！

我们自由选择小毛衣来装饰！

我给小鸭子做毛衣！

我正给小毛衣团球呢！我很开心！

作品展示：

我想给小鸭子穿上毛衣！

哈哈，小动物们不冷了！

活动反思

第一步：执教老师反思

能够利用幼儿关爱小动物的情感，为小动物们制作漂亮的毛衣。在制作过程中，幼儿揉搓出彩色皱纹纸球，非常漂亮，发展了幼儿的精细动作。

第二步：班级教师沟通

教师1：我们为小动物设计了男、女两款毛衣，促进了幼儿对小动物的性别辨认。

教师2：在揉搓的过程中，能够很好地发展幼儿的精细动作。活动中幼儿有关爱小动物的情感体现，运用的都是温暖的颜色。

教师3：我们可以继续为小动物戴上漂亮的小手套。

游戏四

游戏名称：我的小手套

物质准备：不织布手套模型、各种装饰图案、装有酒精胶的纸碗、棉签、手工布

创作过程：

看，我们做得多认真啊！

我要把我的小手套装饰得漂漂亮亮的！

作品展示：

小手套真好看！

看！我的小猫手套！

我的小手套又漂亮又暖和。

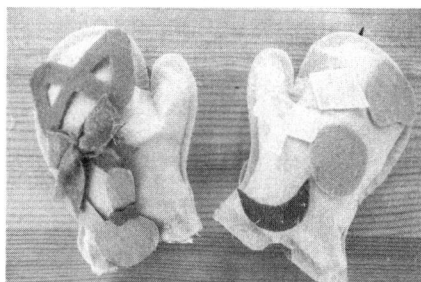

看，我的手套好不好看啊？

活动反思

第一步：执教老师反思

能够继续关注幼儿的兴趣点，继续为小动物们制作漂亮的小手套和小手套上的各种装饰物，我们利用了亲子制作的时间，邀请家长跟我们一起制作，增进了亲子之间的情感交流。

第二步：班级教师沟通

教师1：能够考虑到和亲子制作进行结合，幼儿和家长一起帮助小动物，激发幼儿的情感。

教师2：幼儿能够运用自己的想法，借助爸爸、妈妈的帮忙，一起进行制作。

教师3：关注到了幼儿们发现小动物们没有手套，关爱小动物的情感。

游戏五

游戏名称：小熊的房子

物质准备：胶棒、彩色手工纸、黑卡纸、小熊图片

创作过程：

小熊要冬眠了，我们一起给它建座房子！

老师！我要给小熊盖一座大房子！

作品展示：

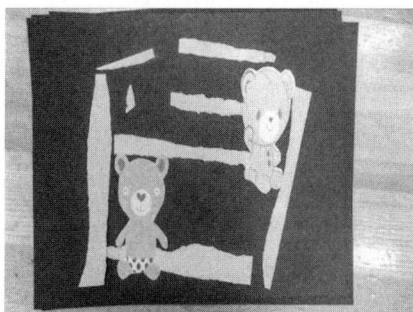

两只小熊在温暖的房子里做游戏！

我们一起给小熊盖起了大高楼！
它们又暖和又高兴，很快乐！

活动反思

第一步：执教老师反思

在活动中，幼儿们能够帮助要冬眠的小熊搭建房屋，让小熊度过一个温暖的冬天。在活动中，关注到了不同层次的幼儿，选择剪、撕两种不同的形式来进行创作。

第二步：班级教师沟通

教师1：幼儿们看到小熊在很冷的、冬天的草地上睡觉，能产生关爱的情绪。

教师2：在撕贴的过程中，能够按照自己的想法撕成长条和长方形、正方形的砖块。

教师3：幼儿们都自主选择了自己喜欢的颜色。

游戏六

游戏名称：圣诞树

物质准备：圣诞树图卡、各种平面图形、毛球、皱纹纸、彩色毛根、棉花、酒精胶、棉棒

创作过程：

我的圣诞树好看吗？

我来帮你弄棉花吧！

作品展示：

我们有个圣诞树大森林！

我们一起唱着《圣诞快乐歌》，好开心！

活动反思

第一步：执教老师反思

幼儿能够感受圣诞节的氛围，班级中有位小朋友带来了一棵圣诞树，其他幼儿都很兴奋，我们临时生成了此课。根据平时捕捉到的幼儿需要，激发他们的创作欲望。

第二步：班级教师沟通

教师1：能够贴近幼儿生活，关注到幼儿的兴趣点。

教师2：幼儿们非常喜欢装饰班级，我们可以延续这个活动。

游戏七

游戏名称：拉花

物质准备：彩色纸条、胶棒、手工布

创作过程：

我们都会做拉花喽！

我要做好多颜色的拉花。

我要做长长的拉花。

作品展示：

我们做的拉花一样长。

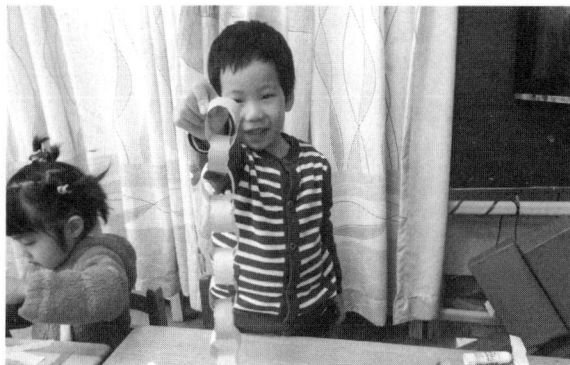

看，我的拉花漂亮吗？

活动反思

第一步：执教老师反思

幼儿和教师一起来装饰班级，选择漂亮的纸条进行卷圈，粘贴。幼儿能够运用自己的两只小手共同进行操作。在制作过程中，非常投入和开心。

第二步：班级教师沟通

教师1：幼儿能够选择自己喜欢的颜色。

教师2：幼儿在粘贴时能够适宜地涂抹胶棒，做到不多不少。

教师3：小朋友们能够相互合作，将拉花拼接在一起，变得长长的。

主 题 总 结

1. 幼儿

在本次主题活动中，幼儿积累了更多在冬天生活的经验。乐于在冬天进行活动，在活动中体会游戏的快乐。培养了自己对小动物的关爱之情，运用各种美工材料为冬天的小动物制作了毛衣、围巾、手套，帮助小动物度过寒冷的冬天。在制作的过程中，掌握团纸粘贴的方法，养成了良好的粘贴顺序，并可以按照自己的意愿对事物进行装饰，提高了幼儿的自主活动意识，提升了幼儿的自信心，提高了幼儿的审美能力，幼儿对美术活动更加感兴趣。

2. 教师

在本次主题活动中，教师了解幼儿对于季节变化的真实感受。让幼儿学会保护自己的身体免受寒风侵袭。在制作活动中，了解班级内幼儿使用材料的特点以及使用方式。在此基础上，丰富了美工区材料，为幼儿的持续发展奠定基础，提供帮助。

3. 家长

在本次主题活动中与幼儿共同体验冬天，接触真实的大自然，感受冬天的特别。在一起探索冬天的过程中发现了冬天的美，了解到了幼儿不一样的视角，如：发现幼儿愿意关心身边的动、植物。以此增进了亲子关系，了解彼此的需求。

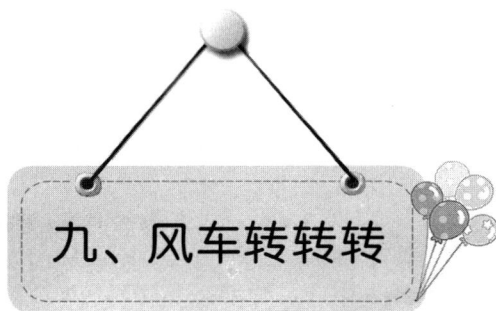

九、风车转转转

主题名称

风车转转转

主题由来

新学期刚刚开始，孩子们还处于过新年的喜悦之中。有名幼儿从家中带来了一个风车，瞬时吸引了好多小伙伴，大家不停地说着、喊着："我家也有风车。""你的风车真好看！""我家的风车不是这样的，还能响呢！""我家的风车是过年时爸爸、妈妈给我买的，可好看了！"一时间活动室内成了孩子们自由分享的快乐世界。基于孩子们都对风车有很浓厚的兴趣，且对风车的种类、风车怎样能转得更快等还有很强的探索欲望，为此我们将本月主题定为"风车转转转"。

主题前例会

第一部分：班级教师集体备课——先行玩起来

"好玩的风车"分享活动，幼儿共同欣赏、感知美丽的小风车。

"风车转转转"体育游戏，感受身体转动带来的快乐。

"漂亮小风车"色彩游戏。

"我的风车转得快"科学活动，初步探索、感知使风车转动起来的方法。

"我的风车最好看"手工制作活动，知道风车的简单做法，制作风车。

第二部分：和幼儿、家长共同来讨论，编织"游宝图"（即"主题网络图"）

第一步：幼儿摆弄、操作材料

幼儿1：老师，我在庙会上买到风车啦！风车转得特别快！

幼儿2：我也买啦！我的风车是粉色的呢！

幼儿 3：我的风车还能出声音呢，"嘎噔嘎噔"响。

幼儿 4：能响的是什么呀？你给我看看啊！

第二步：共同讨论

通过在 QQ 群中的讨论，我们将主题的活动设计进行了分类：

1. 风车的欣赏与分享，色彩游戏。

2. 体验风车的转动。

3. 探索风车的转动及制作方法。

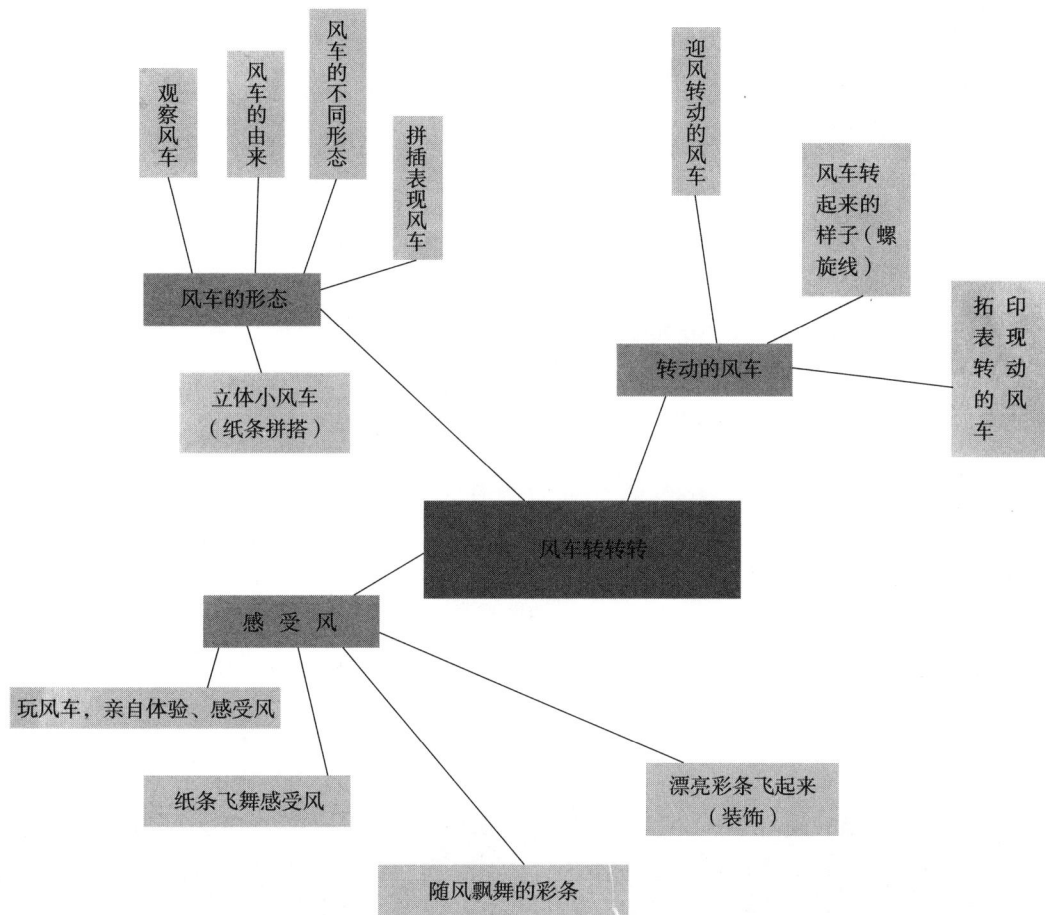

第三部分：班级教师集体备课——可利用的资源

1. 主题相关的背景知识

2. 儿歌、故事、歌曲等相关资料

儿歌：

小风车

小风车，真好玩。

我一跑，它就转。

跑得慢，转得慢。

跑得快，转得快。

转呀转，转呀转。

3. 家长、社会资源

幼儿在庙会购买的风车。亲子制作，幼儿和家长在家中制作的手工小风车。

主题目标

幼儿所能获得的

1. 体验玩风车的乐趣，感受成功的喜悦。
2. 喜欢在不同的地方绘画。
3. 认识八种基础颜色。
4. 尝试用不同的材料拓印、绘画、喷画。
5. 能够用语言说出自己喜欢风车的样子。
6. 能够初步理解风车转动的原因。
7. 能够与伙伴相互交换风车进行操作，体验分享的乐趣。

教师所能获得的

1. 根据幼儿的年龄特点，选择适合幼儿操作的游戏材料。
2. 从幼儿操作中的表现，感受幼儿对玩风车活动的兴趣。

家长所能获得的

1. 了解班级主题活动内容，并积极配合。
2. 在日常生活中，注重引导幼儿观察身边的景物。
3. 通过沟通，了解幼儿的美术形式。

主题进行

游戏一

游戏名称：风车动起来
物质准备：各种各样的风车、照相机
快乐游戏：

好奇探索：

活动反思

第一步：执教老师反思

幼儿对风车很感兴趣，能够观察、发现风车的特点，并用简单的语言讲述。能够使用跑动的方法使风车转动起来，并用语言表达自己所使用的方法，而且玩得很开心。

第二步：班级教师沟通

教师1：可以用玩颜色的方式来促进幼儿对颜色的感知和体验，并且可以运用强烈的对比色，使画面鲜明，色彩突出。

教师2：在上一次活动中，幼儿对转动起来的风车很感兴趣，有的说转动起来的小风车像小旋风一样，可以以画小旋风螺旋线为手段，引导幼儿感受风并表现。

教师3：注意培养幼儿的常规习惯，能够做到不混色，螺旋线有不同的旋转方向。

教师4：工具要适合幼儿，可以选用小牙刷，采用刷的方式，玩色方便操作，效果好，又清晰。

游戏二

游戏名称：旋转的风车

物质准备：圆形白纸、红、黄、蓝色颜料、吸管、刷子、小牙刷

创作过程：

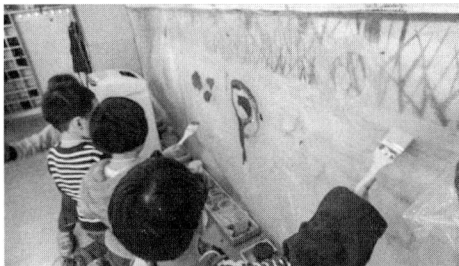

我的小风车转起来啦！漂亮吗？　　　　呀！真好玩儿呀！小风车越转越快啦！

作品展示：

小风车变成红色旋风，刮起来啦！

活动反思

第一步：执教老师反思

幼儿对画小旋风很感兴趣，首先能够基本掌握运用小牙刷画出螺旋线的方法，喜欢用色彩进行活

动，体验玩儿色的乐趣，能够使用对比色进行创作。知道把使用后的材料放回相应位置，在此过程中，每个幼儿都充分地参与其中，体验用小牙刷画小旋风的乐趣。

第二步：班级教师沟通

教师1：可以进一步以玩颜色的方式来促进幼儿对颜色混合的体验。采用拓印的方式，在印画的过程中体会节奏，感受拓印带来的乐趣以及不一样的体验，并进一步掌握拓印的操作方法。

教师2：在上一次活动中，幼儿对转动起来的风车很感兴趣。因此，可以以不同的方式以及材料表现小风车转动起来的样子。

教师3：引导幼儿使用身边常用或常见的事物来拓印，积累拓印的体验和经验，从而创作出更好的作品。

游戏三

游戏名称：漂亮的大风车（团纸印画）

物质准备：裁成小块的报纸、颜料、美工布、桌垫、水粉纸、小垃圾桶、音乐《大风车》

创作过程：

我们开始印大风车喽！

我来选择喜欢的颜色。

作品展示：

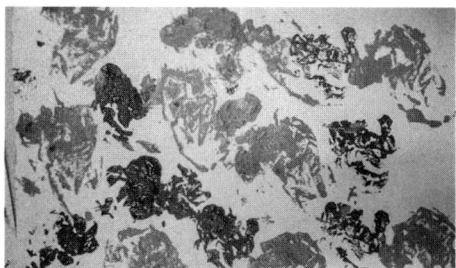

橘黄色和绿色的大风车！

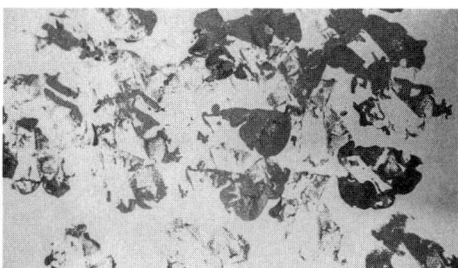

我的风车是蓝色和黄色的，漂亮吗？

活动反思

第一步：执教老师反思

幼儿对画小旋风很感兴趣，能够基本掌握运用报纸拓印出风的形态，喜欢用色彩进行活动，体验玩色的乐趣。能够掌握印画的方法，在印画的过程中发展空间感。知道把使用后、剩下的材料放回相应位置。换颜色印画时，能换干净的纸团，并将用过的纸团放在固定位置（小垃圾桶）。在此过程中，每个幼儿都充分地参与其中，体验用报纸团进行拓印的乐趣。

第二步：班级教师沟通

教师1：幼儿感受完转动的风车之后，是不是可以利用漂亮的彩纸、即时贴等材料动手装饰小风车？从而引导幼儿进一步感受风车的美。

教师2：在之前的活动中，幼儿对转动的风车很感兴趣，因此可以采用动手操作的方式，让幼儿自己装饰小风车。装饰完的小风车再次转动起来时，会更加漂亮。

游戏四

游戏名称：美丽的风车（撕纸粘贴）
物质准备：半成品风车、双面彩纸（窄、长）、白色打印纸、胶棒、小垃圾桶
创作过程：

快看，我们剪的小彩条又细又长！

看，我们撕的小彩条漂亮吗？

快乐游戏：

快看！我的风车转得多快！

哈哈！跑得越快，风车转得也越快！

活动反思

第一步：执教老师反思

幼儿对装饰小风车很感兴趣，他们享受着自己的作品带来的欢乐，能够撕出长长的纸条，增强了手部小肌肉的灵活度和控制力，并且能够将用完的工具基本收拾整齐。幼儿再次玩风车的体验后，更进一步地体会了自己动手操作带来的乐趣。

第二步：班级教师沟通

教师1：可以继续采用动手操作的方式，促进幼儿手部精细动作的进一步发展。

教师2：是不是可以尝试使用幼儿经常玩的道具来进行？

教师3：可以运用手头玩具或者插片来拼插。幼儿能够运用插片拼出手枪、战车等，也可以尝试着拼出漂亮的小风车。

游戏五

游戏名称：拼搭小风车
物质准备：各种各样的风车、拼插玩具
创作过程：

我用插片先拼插出风车的支架。

用圆形的大插片可以拼出风车的扇叶。

作品展示：

快看，我们的风车做好啦！

呜——风车转起来啦！

活动反思

第一步：执教老师反思

幼儿对拼插活动很感兴趣，能够观察、发现风车的特点，并用插片拼插的方式表现出来，而且想法不同、形态不一，他们始终认真操作、乐在其中。

第二步：班级教师沟通

教师1：可以给幼儿多种选择进行操作体验。幼儿在活动过程中逐渐对风产生了兴趣，可以使用不同的方式带给幼儿进一步体验风的感受。

教师2：小纸条能够飞舞起来，但形态太过单一，可以用巧妙的方式将单一的小纸条进行改变，交插着折叠在一起变成小伞状，扔起来应该会一圈圈地转下来。还可以用不同形态的纸，不一定只有长条，是不是也可以有螺旋线的？可以试一试。

教师3：之前的拓印活动留下的小报纸球也可以进行进一步地操作，后边粘上小纸条当作小尾巴，抛起来，纸条应该会随风摆动吧，也许会旋转着落下来，可以让幼儿进行实践尝试。

游戏六

游戏名称：体验风的乐趣

物质准备：印有螺旋线、直线的各种彩纸、报纸、皱纹纸、胶条

创作过程：

先用剪刀沿着螺旋线剪出长条。

我要把长长的皱纹纸的一头粘
在团好的报纸球上。

嘿！看谁扔得远？

哇！带着长尾巴的报纸球上天啦！

作品展示：

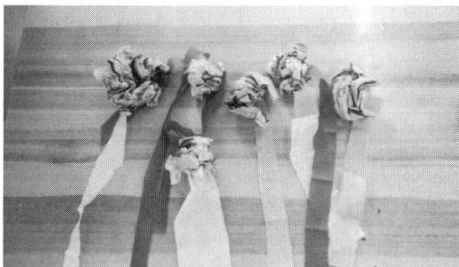

长着彩色尾巴的报纸球。

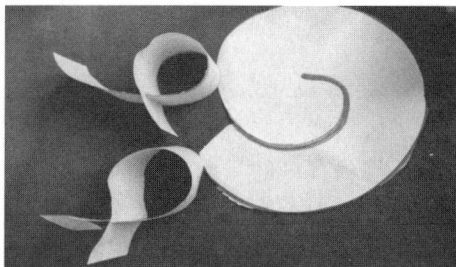

卷插着的螺旋纸条。

活动反思

第一步：执教老师反思

幼儿对飞舞的纸条很感兴趣，能够观察并发现纸条飞舞起来的特点，并用简单的语言讲述，能够使用往高处抛的方法使小纸条动起来，从而观察纸条飞舞的样子。

第二步：班级教师沟通

教师1：可以继续以玩颜色的方式来促进幼儿的进一步体验，感受颜色迅速变化带来的快乐，尝试使用不同质地的纸进行操作。

教师2：幼儿热衷于玩颜色，感受颜色的变化。在选择操作材料方面，以引起幼儿的好奇心为主，如可选用吸水性较好的纸，这样颜色在纸上的变化也许会比较明显。

教师3：采用折纸的方式，既便于幼儿操作，又锻炼了幼儿小肌肉群的灵活性。

游戏七

游戏名称：**漂亮的纸条飞起来（染纸）**

物质准备：长条的宣纸、彩笔水、毛毡、报纸

创作过程：

采用扎染的方法，折叠宣纸，用彩笔水染纸，注意选用对比色的颜色，效果更好。

我来选择喜欢的颜色。

我要染好多漂亮的小彩条。

作品展示：

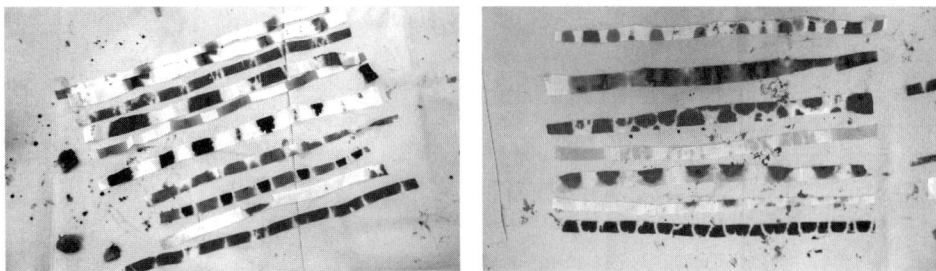

带有相间颜色的彩色长纸条

活动反思

第一步：执教老师反思

幼儿对扎染很感兴趣，并且喜欢参加美术活动，从中感受颜色迅速变化带来的乐趣。能正确地操作，不混颜料。认识到宣纸的吸水性，从而注意了操作方法，轻轻打开，不然纸条就会断开或是成为一团。能够认真地进行游戏，尽量地多蘸颜色，使纸条上的颜色丰富漂亮。孩子们玩得很开心，而且都很认真、小心，注意不让小手沾上颜色。

第二步：班级教师沟通

教师1：可以用长短不一的纸条来构建图案，引导幼儿思考：小风车可以在哪里飞？用什么方式呈现？

教师2：小纸条搭起小拱桥，小风车是不是就可以在小桥边转动？或者是用小纸条拼贴搭建立体图形，用小纸条互相搭在一起，形成小风车的样子。

游戏八

游戏名称：小风车飞飞飞（撕纸粘贴）

物质准备：黑色卡纸、彩纸、胶棒、小风车图片、小垃圾盒、舒缓的音乐

创作过程：

我的胶棒要和纸条做朋友。　　　　　　　快来看看我的大风车！

作品展示：

看，立交桥！　　　　　　　　　哇，这么多的拱形桥！

活动反思

第一步：执教老师反思

幼儿对小纸条拼搭产生了浓厚的兴趣，在掌握了简单的小拱桥拼搭之后，又搭出了很多漂亮的图案：有旋转的小风车、交错的立交桥、大房子，还有漂亮的皇冠。孩子们玩得开心极了！

第二步：班级教师沟通

教师1：幼儿对感受风具有浓厚的兴趣，因此可以以风为线索设计小游戏。

教师2：什么游戏通过动手操作既锻炼幼儿的小肌肉群，又可以感受风呢？我们来玩折纸飞机的游戏吧！折好的纸飞机迎风飞舞，既有操作的体验，又能够充分感受风对小飞机的影响。

主题总结

1. 幼儿

幼儿在此次活动中玩得很开心，不仅体验了玩风车的乐趣，而且通过多种方式对小风车进行装饰，感受到自己动手操作带来的喜悦。活动中喜欢用不同方式，在不同的地方进行绘画、粘贴。能够清楚地认识八种基础颜色，尝试用不同的材料进行拓印、绘画、粘贴活动。能够用简单的语言说出自己喜欢的风车样子。初步理解风车能够转动的原因，还能够与幼儿之间体验分享成功的乐趣。

2. 教师

（1）活动中能够根据幼儿的特点、现有水平，选择提供适合幼儿操作的游戏材料。

（2）关注幼儿在操作中的表现，感受幼儿对玩风车活动的兴趣，思考并发现幼儿下一步的需要以及更进一步的发展趋势，从而提供适当的游戏活动，使幼儿在游戏活动中获得感受，发展各方面的能力。

3. 家长

能够了解幼儿园班级主题活动内容的发展方向，并且在整个活动过程中积极配合，为幼儿提供相应的材料与支持。在日常生活中，也能够引导幼儿观察身边的事物，带领幼儿亲自体验活动的乐趣，使整个活动巧妙地融入到幼儿的一日生活中。通过有效地沟通，了解幼儿的美术形式、近期发展状态，从而提供有效地支持。

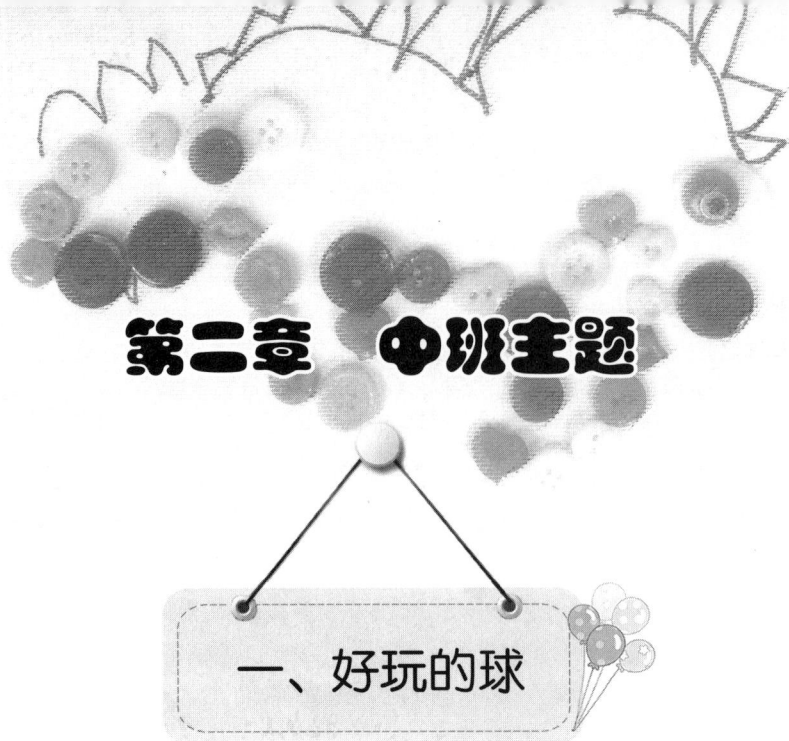

一、好玩的球

主题名称

好玩的球

主题由来

户外分散游戏的时候，小宇从球筐里拿了一个球，跑到滑梯旁，把球放在了滑道的最上面，然后一松手，球就滑了下来。哲哲看到小宇这样玩，也跑到球筐拿球，小宇站在滑梯的左边，哲哲站在滑梯的右边，他们商量着："咱们一起滚吧。"说完就同时松开手，小球就一同从滑梯上滚了下来。看到孩子们对玩球这么感兴趣，我们将本月的主题活动定为"好玩的球"。

主题前例会

第一部分：班级教师集体备课——先行玩起来

球可以怎么玩呢？教师看到球联想到蹦蹦床、踢足球、打篮球、练瑜伽、月亮、鱼漂等。

第二部分：和幼儿、家长共同来讨论，编织"游宝图"（即"主题网络图"）

第一步：幼儿摆弄、操作材料

幼儿选择自己喜欢颜色的球，在操场上玩。有的小朋友拍着玩，有的踢着玩，有的滚着玩，有的夹着玩，有的顶着玩，有的撞着玩，有的坐着跳，有的放在肚子里假装袋鼠、怀孕的妈妈等。

试试看，皮球可以怎样玩？

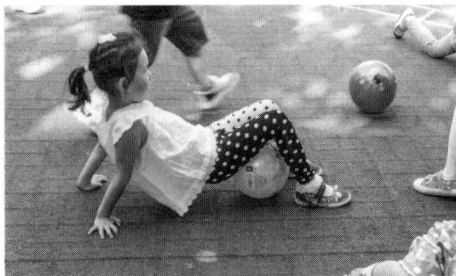

看，我这样也能玩！

第二步：共同讨论

有的幼儿说玩球的时候想到了吃过的跳跳糖，有的说想到了蹦蹦床，有的说想到了棉花糖，有的说想到了青蛙，有的说想到了敲大鼓，有的说想到了石头从山上滚下来，有的说想到了雪人的头，有的说想到了猪八戒的大肚子，有的说想到了游泳。

与家长沟通、探讨球的玩法和主题活动设想。

第三部分：班级教师集体备课——可利用的资源

1．主题相关的背景知识

皮球的定义：游戏用具，是一种有弹性的空心球，多用橡胶制成。

球的玩法：

（1）滚球

①双手滚球：两名幼儿面对面蹲下，互相用双手滚、接球。

②单手滚球：两名幼儿面对面蹲下，用左手或右手向对方滚球。

③滚球过门：三名幼儿站在一条直线上，如图。直线两端的两名幼儿面对面站立，中间的幼儿双脚分开站立，当作球门。两名幼儿滚球，球必须经过中间的球门。如果谁的球没进门，就与中间那名幼儿互换位置。可反复进行。

④滚球击球：用球击倒保龄球，也可以用圆柱体积木、空的矿泉水瓶代替。

⑤滚球赛：两组幼儿分别站在场地的两端。第一组的第一名幼儿将球滚向第二组，第二组的第一名幼儿接住球后再滚向第一组，由第一组的第二名幼儿接球，再滚向第二组的第二名幼儿，以此类推。如果有一组幼儿当中的一名幼儿没有接住球，则另一组得一分。换未接住球的幼儿发球，比赛重新开始。最后，得分最多的那组获胜。

（2）拍球

①原地单手拍球。

②原地左、右手交替拍球。

③单脚站立拍球。

④双脚跳起拍球：拍一下，跳一次，像兔子一样。

⑤拍球转圈：用最大臂力，向上拍球，然后自转一圈再拍球，也可以连拍几个球后在转圈一周。

⑥花样拍球：单腿向左、右迈球相互交替进行，也可以蹲下拍球、用手指拍球等。

（3）传球

①击鼓传球：幼儿围坐成一个圆圈，教师击鼓或摇铃，集体说儿歌或唱歌、数数。幼儿一个一个传球，声音停，球在谁手中，谁就做一次花样拍球。

②两人传球：两名幼儿面对面站立，距离由近及远逐渐增加，互相抛接球。

③自抛自接球：幼儿双手把球抛出再接住，反复进行。也可以玩听口令抛接高球或低球的游戏，将球抛过头再接住为高球，把球抛在头以下位置为低球。可听教师口令抛接高球或低球。

④头上传球：幼儿站成一路纵队，第一名幼儿双手拿球，经头顶到脑后，第二名幼儿接过球再经头顶往后传递，依次进行。

⑤腿下传球：幼儿双脚分开站成一路纵队，第一名幼儿抱球、弯腰，从两腿下把球传给第二名幼儿，第二名幼儿再从两腿下往后传给第三名幼儿，依次进行。

⑥互相传球：幼儿站成两路纵队，甲队第一名幼儿传给乙队第一名，乙队第一名则传球给甲队第

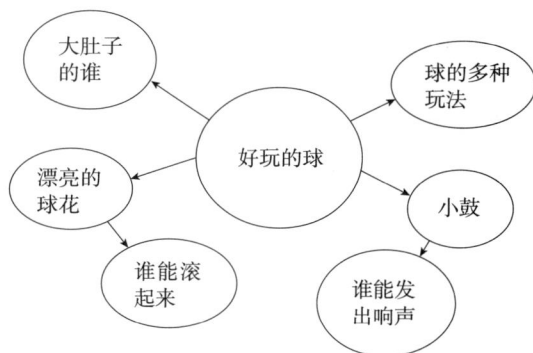

二名，依次相互传球。或从左向右、或从右向左传球。

（4）运球

①直线运球：在一条在直线上运球走。

②左右手运球：幼儿踏在直线或圆线上走，用左、右手在白线的两边交替运球，球不能压线。

③曲线运球：将小椅子、积木、保龄球等任意摆成直线或几何图形，依次绕物做曲线运球。

④双人运球：两人走在直线两侧，甲从左侧把球拍在白线的右侧，乙从右侧再把球拍在白线的左侧，两人边运球、边前进。

⑤运球跨沟：在场地上画出1米间隔的平行线代表小河沟，沟宽10～30厘米。运球时，要从沟上跳过，球不能落在沟里。

⑥蛙跳运球：身体半蹲，两膝分开，两脚成八字，双臂体前下垂抱球，边跳、边运球、边学青蛙"呱呱"地叫。

⑦报纸运球：每人一张报纸、一个球。教师发令后，幼儿把球放在报纸上，双手端着报纸的两边前进。球掉下后，应重新把球放好后再前进。

⑧花样运球：两人一组持一球，头对头夹球前进；腹对腹夹球前进；背对背夹球前进。

2. 儿歌、故事、歌曲等相关资料

儿歌：

小 皮 球

小皮球，真好笑，

拍一拍，跳一跳。

不拍就不跳，

到处睡大觉。

滚 皮 球

两腿做球门，皮球滚滚滚，

你可别顽皮，快快滚进门。

3. 家长、社会资源

家长和幼儿一起收集"大肚子的谁"相关主题活动图片。

主题目标

幼儿所能获得的

1. 喜欢参加球的联想游戏活动，感受其中的快乐。

2. 喜欢玩球，从中获得快乐的体验，形成初步的观察和联想能力。

3. 能够抓住球的特征，结合自己的生活经验，大胆想象，并能够运用多种工具、美术材料大胆表现，表达对事物的深刻印象和情感体验。

教师所能获得的

1. 提高教师的观察能力，在过程中注重保护幼儿的好奇心，培养幼儿的想象力，发掘幼儿的兴趣、爱好。

2. 在活动过程中，提高教师利用与合理设计游戏活动空间，提供丰富、适宜的游戏材料，支持、激发和促进幼儿的游戏能力。

家长所能获得的

1. 树立幼儿的学习是以游戏为主的正确教育理念。

2. 认识到想象力和创造力对幼儿的重要性。

主题进行

游戏一

游戏名称：皮球怎么玩
物质准备：皮球
创作过程：

尝试夹着球行走游戏。

发现球可以从高处滚落下来。

作品展示：

跳跳跳，我是大肚子袋鼠！

我们都是大肚子鱼！

活动反思

第一步：执教老师反思

幼儿在玩的同时，探索、尝试了多种有趣的玩法，在感受的同时，更加了解了球的特性，对球的喜爱更加深入了。

第二步：班级教师沟通

在游戏中，幼儿的兴趣很高，发现了球的多种玩法，有的顶球、有的夹球、有的滚球，对球有了较多的认识。

游戏二

游戏名称：大肚子的谁
物质准备：报纸、乳胶、纸黏土
创作过程：

神情投入地动手制作大肚子形象。

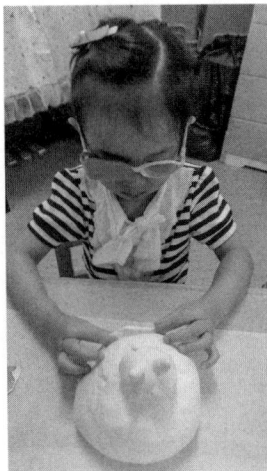

用纸黏土制作
大肚子袋鼠。

作品展示：

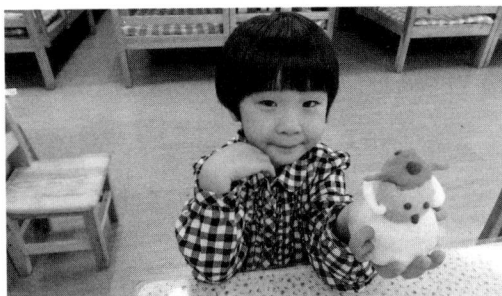

我做的大肚子娃娃,还戴着漂亮的帽子呢!

这个是大肚子小鱼，还有鱼鳍哟!

大肚子刺猬

这是大肚子的猴子!

活动反思

第一步：执教老师反思

通过制作"大肚子的谁"，幼儿捏、揉的技巧都有了一定的提高。特别在塑造形象方面，有了进一步地理解和认识。

第二步：班级教师沟通

用报纸和乳胶自制的材料存在一定的限制，对于温度要求较高，因为需要长时间晾晒、风干，因此更显现出纸黏土的便捷。

游戏三

游戏名称：球儿拼摆

物质准备：孩子们喜欢玩的球

创作过程：

我们摆的小花，漂亮吗？

我们摆了一个小雪人。

作品展示：

孩子们拼摆的小汽车！

孩子们拼摆出三角形！

活动反思

第一步：执教老师反思

本次活动我们选择了集体活动，感兴趣的幼儿自始至终都很投入，可是有少部分幼儿却一直处于游离状态，所以今后开展此类活动应该采取小组活动的方法，尊重幼儿的兴趣点，这样才能提高活动的质量。

第二步：班级教师沟通

活动中，男孩子想象力很丰富，拼摆出来的造型多样。可是拼摆时，不知道合作，总是挤来挤去的，所以拼摆的结果不理想。女孩子的活动表现出心不齐，有的幼儿想摆小花，有的幼儿想拼小兔子，有的幼儿想拼小汽车，由于球的数量有限，所以到最后拼摆的效果也不是很好。建议在下次活动前，先请幼儿制定一个活动计划，这样幼儿在户外操作过程中，就不会因为外界因素的影响而慌乱了！

游戏四

游戏名称：皮球滚画

物质准备：小球、画布、颜料、宣纸、毛笔、调色盘、水桶

创作过程：

我们正在玩滚球的游戏。

我的小球跑了，我要抓住它。

作品展示：

我们在棉布上面的滚球画！

我们在宣纸上滚出来的画！

活动反思

第一步：执教老师反思

本次活动我们选择了小组活动，幼儿在活动中都兴致勃勃的，而且注重同伴间的交流和互动。在滚球过程中，也知道了滚球的基本方法，最后的作品也特别漂亮。

第二步：班级教师沟通

活动后，引导幼儿观察滚球画的画面，说一说看到这幅画想到了什么，其中的什么部分像什么，然后引导幼儿选择自己喜欢的颜色，在滚球画上添画出自己喜欢的图案，大胆创作表现。

游戏五

游戏名称：会发出声音的东西
物质准备：生活中的各种物品
创作过程：

乐器能发出好听的声音。

生活中的东西都有不同的声音。

作品展示：

积木撞击会有声音。

系扣子也有声音，就是有些小。

请幼儿再找一找，生活中还有哪些东西能够发出声音？

活动反思

第一步：执教老师反思

在感知和探索中，幼儿发现身边的物体都是会发出声音的，而且它们的声音大小和发出声音的方式都有些不同。幼儿在自我发现中了解到身边的事物，提高了对生活的热爱之情。

第二步：班级教师沟通

声音的发出存在许多因素，有的幼儿只是简单的抚摸，没有发现到物体发出响声的原因。

游戏六

游戏名称：有趣的乐器

物质准备：幼儿自带的饮料瓶、水杯、盒子、彩纸、颜料、纸黏土

创作过程：

我的乐器是彩虹颜色。

我用玩具装饰我的乐器。

橡皮泥也可以装饰乐器哟！

看，我把它包起来！

作品展示：

我们做的小乐器，是不是很漂亮？

活动反思

第一步：执教老师反思

我们根据幼儿的兴趣点不同，分三组开展活动，有的用丙烯颜料给乐器涂颜色，有的用即时贴给小乐器贴好看的颜色，还有的用纸黏土给小乐器装饰，幼儿在活动中都非常地投入。

第二步：班级教师沟通

每个幼儿都有一个作品呈现，可见每个幼儿都获得了成功的喜悦。今天由于时间比较紧张，幼儿没来得及用乐器演奏，以后我们可以利用过渡环节或者恩物游戏的时间，让幼儿用自己制作的乐器表演，随乐而动，也可以把制作的乐器投放在音乐区，供幼儿打击乐时使用。

主题总结

1. 幼儿

幼儿通过这个主题活动在想象力和创造力方面得到了一定的提高。在动手制作方面，能够结合乐器的发声特点大胆制作。

2. 教师

教师能够尊重幼儿的想法，根据幼儿的想法和兴趣开展丰富多彩的主题活动。在活动中，教师观察幼儿的能力也得到了一定的提高。

3. 家长

家长在教育理念方面有了一定的提高，不再以成人的想法去左右幼儿的想法，对于幼儿的兴趣和活动也能给予一定的支持，包办代替的现象有了一定的改善。

二、树叶与树枝

主题名称

树叶与树枝

主题由来

进入秋天，天气逐渐转凉，树叶开始慢慢地凋谢、枯萎和飘落。户外活动时，孩子们有的追逐被风吹起的树叶，有的捡拾落叶当做小扇子，有的趴在地上观察树叶的不同，有的提出许多跟树叶有关的问题。鉴于孩子们对树叶的兴趣，我们开始了以"树叶与树枝"为主题的恩物活动。

主题前例会

第一部分：班级教师集体备课——先行玩起来

教师在户外游戏时，看到树叶联想到一些儿时的游戏：拔根儿、踏落叶、蝴蝶飞舞，还有用树枝和树叶拼摆图案、比较树叶的颜色、大小等。

第二部分：和幼儿、家长共同来讨论，编织"游宝图"（即"主题网络图"）

第一步：幼儿摆弄、操作材料

幼儿在户外游戏时发现了树叶和树枝的美丽。于是，自由活动时，有的拼摆树叶，有的捡树叶、有的把树叶抛向天空，还有的用树枝模仿烧烤游戏等。

第二步：共同讨论

在与幼儿讨论树叶和树枝可以怎么玩的时候，他们有的说可以当武器打坏人、有的想到了仙子的魔杖、有的想到制作美丽的插花、有的说可以变成小画框等。

游宝图：

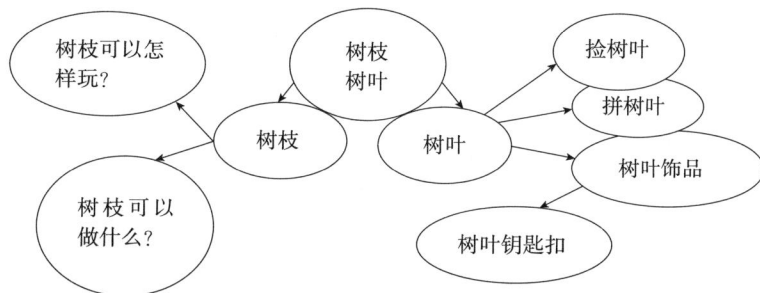

第三部分：班级教师集体备课——可利用的资源

1. 主题相关的背景知识

树叶的形状有圆形如莲叶、荷叶、黄栌的叶子等，有心形如杨树叶，有针形如松树叶，有扇形如银杏叶，有卵形如槐树叶，有剑形如竹叶，有掌形如枫叶、梧桐叶等。

叶子的正面和反面颜色有什么区别？为什么？

一般叶子正面的颜色为深绿色，因为叶肉细胞排列紧密，形似栅栏，细胞内含叶绿体较多。叶子反面的颜色为浅绿色，因为叶肉细胞排列疏松，形似海绵，细胞内含叶绿体较少。

2. 儿歌、故事、歌曲等相关资料

（1）儿歌：

小　树　叶

树叶围着树妈妈，
唱歌跳舞乐哈哈。

原来家里有喜事，
树妈又要发新芽。

（2）诗歌：

捡 树 叶

秋风起了，一片片树叶落在地面上。

小蚂蚁捡起一片树叶，说："这是我的渡船。"

小老鼠捡起一片树叶，说："这是我的雨伞。"

小刺猬捡起一片树叶，说："这是我的花帽。"

梅花鹿捡起一片树叶，说："这是我的饼干。"

大家一起捡树叶，捡得多欢喜。

（3）故事：

三间树叶房子

小白兔、小灰兔、小黑兔到树林里去看望小猪。

小猪不在家，小白兔、小灰兔、小黑兔就在草地上玩起了搭房子的游戏。小白兔说："我用红树叶搭一间红房子。"小灰兔说："我用绿树叶搭一间绿房子。"小黑兔说："我用黄树叶搭一间黄房子。"

小猪回来了，小兔们说："这三间房子送给你做仓库，放东西用吧！"小猪把红苹果放进红房子，把黄香蕉放进黄房子，把绿葡萄放进绿房子。"谢谢！谢谢！"小猪高兴地直拍手。

过了几天，小白兔、小灰兔、小黑兔来看望小猪，小猪送给它们每位一副蓝色的眼镜，它们戴上眼镜一看："呀！树叶房子都变颜色了！"

3. 家长、社会资源

引导家长和幼儿一起搜集有关树叶、树枝的图片和资料，在幼儿园外捡拾不同的落叶和树枝。

主题目标

幼儿所能获得的

1. 通过多种材料在盘子等废旧物中进行拼摆并装饰。

2. 在拼摆中发现树叶的颜色、形状各有不同。

3. 敢于用语言跟同伴进行沟通、交流，表达想法。

4. 手眼协调性得到发展，双手小肌肉的灵活性得到提高。

5. 手眼协调能力有了提高。

6. 能够主动向同伴介绍自己的美术作品。

7. 能够用语言表达自己的想法和需要。

8. 认识树叶的不同颜色和形状。

9. 能够有规律地进行装饰。

教师所能获得的

1. 在游戏中提高教师观察幼儿的意识和能力，关注幼儿的兴趣点，提供便于幼儿发展的机会和条件。

2. 在幼儿感兴趣的基础上，指导幼儿进行想象和游戏。

家长所能获得的

1. 正确认识幼儿学习和发展的基点，理性引导幼儿观察周围事物，端正育儿理念。

2. 在亲子游戏中，提高对幼儿的认识，与幼儿一起观察、一起发展。

游戏一

游戏名称：捡落叶

物质准备：幼儿园里的大树、落叶

创作过程：

用树叶拼摆美丽的金鱼。

手捧树叶，向空中抛撒。

作品展示：

漂亮吗？树叶金鱼，还有眼睛呢！

树叶、树枝组成的太阳形项链。

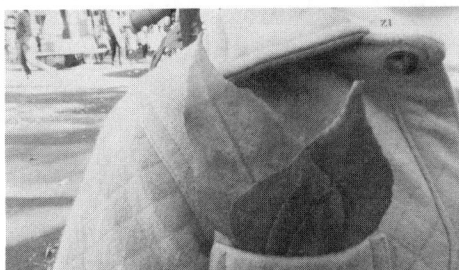

想不到吧？这是树叶胸花，独特吧！

活动反思

第一步：执教老师反思

在游戏中，幼儿发现树叶的有趣和美丽，有的幼儿发现可以将树叶组合成新的造型，游戏方法多样，感受到树叶的不同和形状美、颜色美。

第二步：班级教师沟通

发现幼儿的关注点，并给与积极地支持和肯定，大大促进了幼儿对树叶的好奇和探索欲望。

游戏二

游戏名称：树叶拼贴

物质准备：孩子们捡回的落叶、一次性餐具、废旧物品

创作过程：

你能用树叶和树枝拼画吗？试一试，创作一幅美丽的枝叶画吧！

想一想怎么在圆形盘子里拼摆才好呢？

剪出需要的形状来。

作品展示：

看，树叶帆船起航啦！

看出来了吗？这是猫头鹰的脸。

活动反思

第一步：执教老师反思

在主题游戏中，幼儿发现树叶的形状和颜色都很丰富，有的像心形，有的像长针，可以拼贴很多的形象。在教师的支持下，幼儿开始直接用树叶拼摆，后来发展到通过观察树叶的某一部分产生联想，用剪刀剪下需要的内容，再进行树叶拼摆，有了自己的创新。

第二步：班级教师沟通

在幼儿不敢操作时能给予鼓励，通过欣赏内容引导幼儿发现树叶的美，在支持和肯定下，激发幼儿发现树叶的不同。

游戏三

游戏名称：树叶饰品

物质准备：各种颜色及形状的珠子、树叶、鱼线、彩色铁丝、剪刀、纸、双面胶、纸质面具、松紧带

创作过程：

我用树叶让帽子更漂亮！

我用树叶做一个面具！

作品展示：

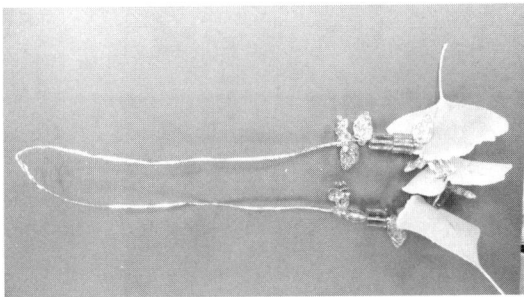

看！这是我做的项链，用了三片树叶呢！

这是我做的蜗牛帽子！

活动反思

第一步：执教老师反思

在主题游戏中，幼儿提出用彩珠、线绳等物品与树叶创作，还有的提出用面具和帽子等曾经使用过的材料进行创作。幼儿的活动大多在已有经验下完成，需要教师的鼓励、引导进行再创作。

第二步：班级教师沟通

有的幼儿喜欢模仿他人的游戏，教师能够与幼儿亲密沟通，并在问题引导下鼓励孩子独立创作，想出独特的树叶拼摆形象。

游戏四

游戏名称：漂亮的钥匙扣1
物质准备：软铁丝、树叶、剪刀、塑封机、塑封膜、水彩笔、钥匙链
创作过程：

把树叶剪成需要的形状。

用树叶拼摆。

整理作品，压上膜。

给树叶涂上漂亮的颜色。

作品展示：

漂亮的树叶钥匙扣，可以送给妈妈和爸爸。

活动反思

第一步：执教老师反思

在游戏中，幼儿发现树叶的有趣和美丽，还有的幼儿发现可以将树叶组合成新的图画，游戏方法多样，感受到树叶的不同和形状美、颜色美。

第二步：班级教师沟通

能在活动中发现幼儿的关注点，并给与积极的支持和肯定，大大促进了幼儿对树叶的好奇和探索欲望。

游戏五

游戏名称：漂亮的钥匙扣 2

物质准备：软铁丝、毛根、珠子、双面胶、剪刀、塑封膜、塑封机、钥匙链

创作过程：

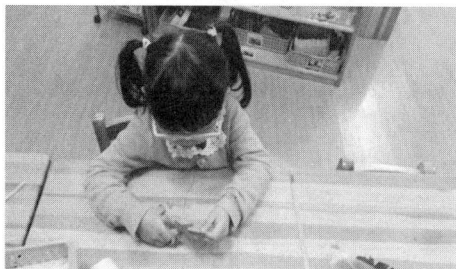

认真将树叶剪成需要的形状。

树叶剪好了，开始拼摆、粘贴！

作品展示：

这次做的不一样，更好看了吧？

舞蹈的小人戴着我们的作品，更妩媚了。

活动反思

第一步：执教老师反思

幼儿在游戏中发现一些钥匙扣里有树叶，样式非常美丽、有趣。有的幼儿开始思考自制树叶钥匙扣，幼儿的思维比较活跃，教师能随着幼儿的需求进行指导。

第二步：班级教师沟通

教师间能寻找幼儿的关注点，对于幼儿的想法给与积极地支持和肯定，大大满足了幼儿对树叶的好奇心和探索欲望。

游戏六

游戏名称：树枝拼摆

物质准备：树枝、速干乳胶、彩色小珠子、彩色细铁丝、海绵球

创作过程：

我们正在做小花，还有相框。

我正在给小螃蟹安眼睛，
我正在用树枝做大树。

作品展示：

我们的树枝画贴在了自然角的旁边。

我们做的树枝大树开了很多漂亮的花。

活动反思

第一步：执教老师反思

在游戏中，幼儿发现树枝的有趣和美丽，有的幼儿还发现可以将树枝与其他材料组合，制作出不同的造型，制作方法多样，感受到树枝的不同和形状美。

第二步：班级教师沟通

能及时发现幼儿的关注点，并给与积极地支持和肯定，大大促进了幼儿用树枝制作不同物品的动手能力和空间想象力的发展。

游戏七

游戏名称：你想让谁和树枝做游戏

物质准备：彩色布头、海绵、毛线、水果、废旧盒子、彩色铁丝、胶条器、树枝、酒精胶

创作过程：

我们正在用树枝做刺猬和床。

这是我用树枝做的发射器。

作品展示：

这是我做的树枝沙发。

这是我做的一盆树枝花。

活动反思

第一步：执教老师反思

活动中，幼儿想到许多玩树枝的有趣方法，有的拼摆，有的连接，但是多数都是用树枝进行装饰，制作玩具的想法少，幼儿模仿游戏的情况明显。

第二步：班级教师沟通

教师能够及时沟通，发现幼儿的需求，可以在观察后采取适当的支持和帮助，并能鼓励幼儿自主游戏。

游戏八

游戏名称：树枝游戏 2

物质准备：毛根、彩色铁丝、装饰珠子、胶条、双面胶、速干乳胶、剪刀、丙烯颜料、笔、调色盘、水桶、捡来的树枝

创作过程：

我们用五彩的颜料给树枝
涂上了好看的颜色。

我先用树枝拼摆一下。

再用胶把它们粘贴结实。

拼个小鱼，好看吧？

先量好需要的铁丝，再找到需要的树枝，
最后把它们捆结实，想要的东西就做成啦！

作品展示：

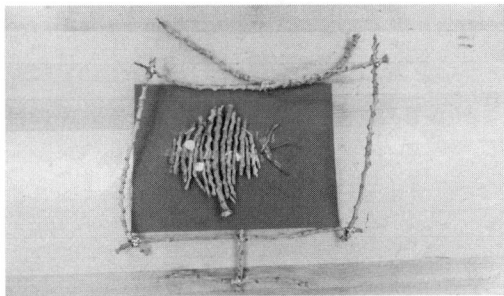

电视里正在播放小鱼的节目哟！

五彩的树枝花

活动反思

第一步：执教老师反思

活动中，幼儿设想用丙烯颜料染树枝，为其变身，将树枝的粗犷美融合在色彩中。一些幼儿显示出对色彩把握不准，个别幼儿还不能较好地使用工具，影响了整体的活动。

第二步：班级教师沟通

教师能够及时沟通，观察到能力较弱的幼儿，给予适当的支持，鼓励幼儿按自己的意愿活动。

游戏九

游戏名称：树枝玩起来

物质准备：树枝、美纹纸、彩色铁丝、皱纹纸

创作过程：

我们正在做魔法丝带。

老师，我们正在搭轨道呢！

作品展示：

我们跳得多漂亮啊！

通过魔法小路，就可以到达魔法王国了！

我做的魔法棒有很厉害的魔力！

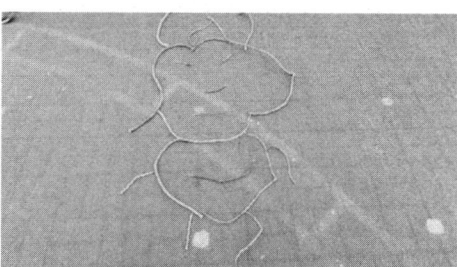

看，我们的小兔子有长长的
睫毛，多漂亮啊！

活动反思

第一步：执教老师反思

户外游戏是幼儿喜欢的形式，在户外进行树枝玩具的制作脱离了室内游戏的传统方式，幼儿感到很新奇，也会比较投入。在游戏中可以发挥自由的想象，但是幼儿的想法还是有些局限，没有完全打开，需要教师不断地引导。

第二步：班级教师沟通

当幼儿出现困难时，教师能够及时发现并积极引导，鼓励幼儿多想一想，试一试，充分发挥了幼儿的主体性。教师的引导和促进可以较好地帮助幼儿进行游戏活动。

游戏十

游戏名称：魔法棒

物质准备：树枝、美纹纸、即时贴、纸黏土、毛根

创作过程：

我们正在用纸黏土做魔法棒。

我们正在用毛根做魔法棒！

我们正在用即时贴制作魔法棒！

作品展示：

"咕噜咕噜卡"变身！

我正在检查小朋友漱口！通过！滴滴！

活动反思

第一步：执教老师反思

由于幼儿比较喜欢看魔仙的动画片，对其中的人物十分崇拜。于是在游戏中，有的幼儿想要制作一支属于自己的魔法棒，其他的幼儿也纷纷表示要成为仙子，因此开始了制作魔法棒的游戏。虽然活动的内容是一样的，但是幼儿能够通过不同的形式进行思考并制作，有的粘、有的缠，最后孩子们拿着自制的魔杖开始了自己的游戏，很是投入。

第二步：班级教师沟通

通过幼儿的表现，我们发现他们都很喜欢魔杖，游戏还没有玩够。有的幼儿还没有将想法实现，有点失落。我们感到可以再继续制作魔杖的游戏，深入引导幼儿对树枝游戏的认识。

游戏十一

游戏名称：我的神奇武器

物质准备：树枝、美纹纸、即时贴、纸黏土、毛根、彩纸

创作过程：

魔棒都是很有魔力的，你的怎么样？魔棒还可以怎么玩？在什么地方玩？

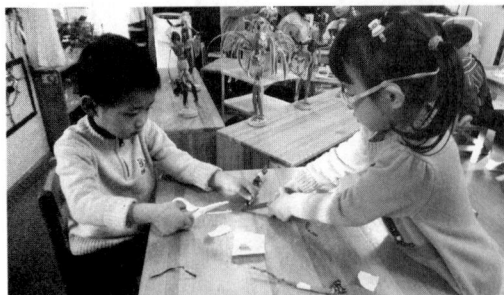

先用彩色铁丝固定手柄。

我们用纸黏土给武器装饰彩衣。

我用彩纸装饰武器。

我给武器穿上五彩衣。

作品展示：

快看，我的神奇武器——魔棒！酷不酷？

活动反思

第一步：执教老师反思

幼儿对神奇魔棒的好奇和喜爱在这次的活动中又得以实现了，他们想尽办法制作自己的魔棒，有的给魔棒增加了爱心的力量，有的使用了毛根进行加固，还有的手拿魔棒给自己起了一个魔法师的名字，并进行了角色游戏表演，玩得很兴奋。小小的魔棒成了幼儿游戏的工具，带领他们走进了幻想世界之中。

第二步：班级教师沟通

幼儿虽然喜欢魔棒，但是用树枝游戏的内容已经不太丰富了。随着天气的变化，树枝对幼儿的吸引力也变弱了，我们可以将树枝游戏延伸到活动区中，引导他们继续活动。

主题总结

1. 幼儿

通过在主题活动中的各种游戏，幼儿的想象力、创造力、观察身边事物的能力都有一定程度的提高，动手能力和色彩的运用也有很大地进步，对于树枝、树叶这些生活中的自然物有了一些认识，好奇心和探索欲望都得到激发。

2. 教师

教师在活动中能够充分尊重幼儿的想法和游戏，激发幼儿的想象力和创造力，并根据幼儿的需求提供材料，与幼儿一起进行探索性的游戏，在游戏中提高幼儿的能力。

3. 家长

家长们通过参与亲子互动游戏，在教育幼儿方面有了一定的认识。能了解孩子在幼儿园的生活和学习，在亲子游戏中增进了亲情，认识到幼儿的发展。在了解幼儿园主题活动后，能积极配合班级工作，为幼儿的学习、游戏提供资源。

三、好吃的饺子

主题名称

好吃的饺子

主题由来

在班级的故事墙前，乐乐看到了嘉嘉带来的在家里吃饺子的照片，乐乐一边笑着一边说："好香啊，我在家里也吃过饺子！"说着，旁边的小朋友也聊起了关于饺子的话题。孩子们看到了饺子弯弯的像元宝一样，自己的嘴巴也笑弯了。由此，我们打算以"好吃的饺子"为本月主题，开展相关的活动。

主题前例会

第一部分：班级教师集体备课——先行玩起来

说到饺子会想到什么呢？教师说想到中国传统节日——春节，想到各种有营养的饺子馅，想到各种可爱的饺子形象等。

第二部分：和幼儿、家长共同来讨论，编织"游宝图"（即"主题网络图"）

第一步：收集幼儿照片

收集幼儿关于饺子的图片，幼儿带来自己在家里吃饺子的照片，还有的幼儿尝试在家里帮助爸爸、妈妈一起包饺子。

第二步：共同讨论

幼儿说看到饺子就有想吃的感觉，都愿意告诉大家自己喜欢的饺子馅，有白菜馅的、肉馅的、虾仁馅的等。还有的幼儿说很想尝试自己包饺子，大胆地想象出自己包出兔子形状、小猫形状的饺子。

第三部分：班级教师集体备课——可利用的资源

1. 主题相关的背景知识

（1）饺子的定义：饺子，又名水饺，原名"娇耳"，是古老的汉族传统面食。

（2）饺子的由来：饺子原名"娇耳"，相传是我国医圣张仲景首先发明的。他的"祛寒娇耳汤"的故事在民间流传至今。

相传张仲景任长沙太守时，常为百姓除疾医病。有一年当地瘟疫盛行，他在衙门口垒起大锅，舍药救人，深得长沙人民的爱戴。张仲景从长沙告老还乡后，正好赶上冬至这一天，走到家乡白河岸边，见很多穷苦百姓忍饥受冻，耳朵都冻烂了。原来当时伤寒流行，病死的人很多。他心里非常难受，决心救治他们。张仲景回到家，求医的人特别多，他忙得不可开交，但他心里总惦记着那些冻烂耳朵的穷苦百姓。他仿照在长沙的做法，叫弟子在南阳东关的一块空地上搭起医棚，架起大锅，在冬至那天向穷人舍药治伤。

张仲景的药名叫"祛寒娇耳汤"，是总结汉代300多年临床实践而成。它的做法是用羊肉、辣椒和一些祛寒药材在锅里煮熬，煮好后再把这些东西捞出来切碎，用面皮包成耳朵状的"娇耳"，下锅煮熟后，再分给乞药的病人。每人两只娇耳、一碗汤。人们吃下祛寒汤后浑身发热，血液通畅，两耳变暖。老百姓从冬至吃到除夕，抵御了伤寒，治好了冻耳。

张仲景舍药一直持续到大年三十。大年初一，人们庆祝新年，也庆祝烂耳康复，就仿娇耳的样子做过年的食物，并在初一早上吃。人们称这种食物为"饺耳"、"饺子"或"扁食"，在冬至和年初一吃，以纪念张仲景开棚舍药和治愈病人的日子。

张仲景"祛寒娇耳汤"的故事一直在民间广为流传。每逢冬至和大年初一，人们吃着饺子，心里仍记挂着张仲景的恩情。今天，我们不用"娇耳"来治冻烂的耳朵了，但饺子却成了人们最常见、最爱吃的面食之一。

2. 儿歌、故事、歌曲等相关资料

儿歌：

饺　子

除夕夜，年来到，
洗洗手，包饺子，
和和馅，擀擀皮，
伸出小手捏捏紧。
饺子包好了，
下一个，下两个，下三个，下四个，下五个。
饺子起锅了，
夹一个，夹两个，夹三个，夹四个，夹五个。

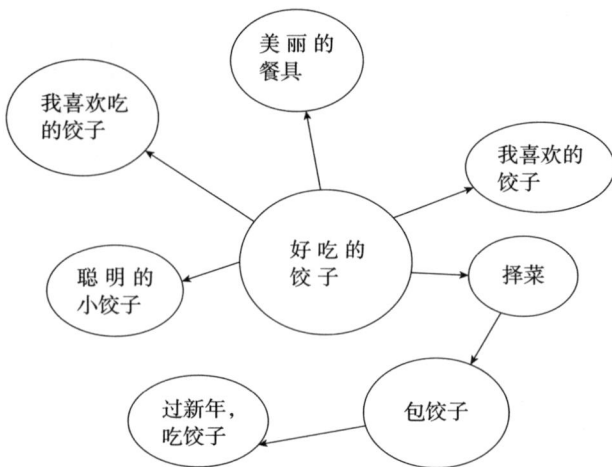

闻闻饺子香不香？

啊呜！

饺子从哪儿来

点点豆豆，种下麦子，

麦子磨磨，变成面粉，

面粉揉揉，包成饺子，

饺子捏捏，放到锅里，

咕嘟咕嘟煮熟了。啊呜！

饺子手指谣

小手摊开，

咱们来包饺子吧！（伸出左手手掌）

擀擀皮（右手在左手上做擀皮状）

和馅和馅，（右手手指立起在左手手掌上做和馅的动作，就像手指在抓挠）

包个小饺子。（每说出一个字，用右手食指依次点着左手的手指）

香喷喷的饺子给谁吃？（用右手把左手指包起来，盖住，问孩子）给××。（然后孩子说给谁吃，就把饺子递到谁的嘴边）

3. 家长、社会资源

家长和幼儿一起收集有关饺子的图片。

主题目标

一、幼儿所能获得的

1. 喜欢参加饺子的联想游戏活动，感受其中的乐趣。

2. 喜欢和饺子做游戏，感受传统文化，从中获得快乐。

3. 能够抓住饺子的特征，结合自己的生活经验，大胆想象并运用多种工具、材料表现，能用语言准确表达对事物的深刻印象和情感体验。

二、教师所能获得的

1. 提高教师的观察能力，能够做到合理帮助、支持、配合幼儿。

2. 在活动过程中，丰富教师自身的经验，引发和促进幼儿的游戏能力。

三、家长所能获得的

1. 了解游戏对幼儿的重要作用。

2. 更有效地协助幼儿做好参与游戏的准备。

主题进行

游戏一

游戏名称：好吃的饺子

物质准备：彩笔、彩色纸、剪刀、胶棒、彩色纸黏土、彩色盘子

创作过程：

我们在做饺子皮，填饺子馅。

交流做饺子皮儿的好办法。

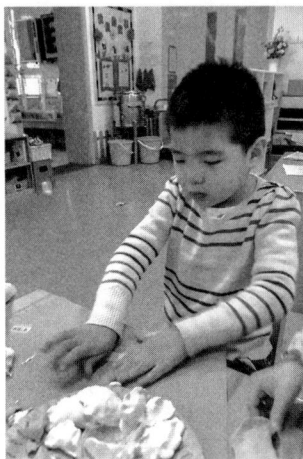

我会揉面，做饺子皮儿。

我来填饺子馅。

我画出好吃的饺子。

我把画好的饺子剪下来。

作品展示：

看看我们画的饺子，想吃吗？

我们用纸黏土做的小饺子！

活动反思

第一步：执教老师反思

在"恩物"游戏中，幼儿尝试用多种形式制作饺子。在和饺子做游戏的过程中，感受饺子的可爱。

第二步：班级教师沟通

在游戏中，幼儿的兴趣很高，能够结合生活经验进行创作。他们还乐于分享，都愿意将自己创作的饺子分享给别人。

游戏二

游戏名称：我喜欢的饺子

物质准备：沙画纸、油画棒、刮画纸、刮画笔

创作过程：

设计我的小饺子。

我要画一个大大的饺子。

装饰我的小饺子。

我要画一个五彩的饺子。

作品展示：

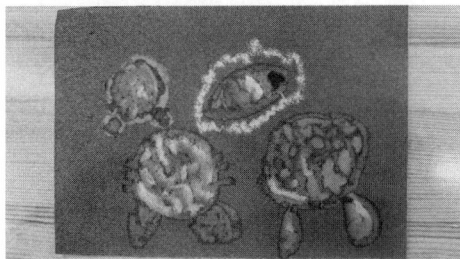

我的小兔子饺子，很可爱吧？

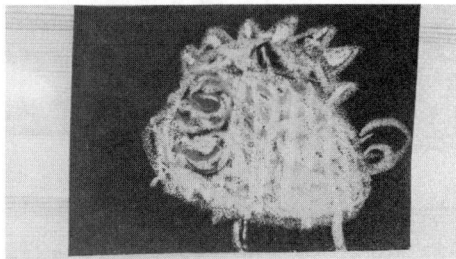

我的怪兽饺子，很厉害的！

猜猜我的饺子是什么馅的？

活动反思

第一步：执教老师反思

幼儿通过不同的形式将自己眼中饺子的形态表现出来，结合自己喜欢的动物、植物的形象，大胆地表现不同的饺子。

第二步：班级教师沟通

在分享过程中，幼儿更多地关注饺子的形状，如：兔子、怪兽等，还可以引导幼儿在关注形态的基础上，对颜色搭配、装饰方法等方面多想一想。

游戏三

游戏名称：聪明的饺子

物质准备：彩笔、纸张、剪刀、胶棒、纸黏土、盘子、有关饺子的图片

创作过程：

像蜗牛一样排队的饺子。

把画好的饺子粘在筐子上面吧！

作品展示：

饺子排排队！

好多饺子围成了圆形。

聪明的饺子排得很整齐！

我的饺子会排笑脸形状。

活动反思

第一步：执教老师反思

活动中，幼儿能够用画、捏等形式创作出饺子，并有意识地将饺子排列出不一样的队形。在制作

过程中，幼儿能够关注别的幼儿不同的排列方式，都积极主动地想排出新的花样。

第二步：班级教师沟通

本次活动后与教师交流活动中出现的问题，有小部分幼儿出现模仿的现象，还有部分幼儿在工具使用上还需要加强规范性。

游戏四

游戏名称：我喜欢吃的饺子

物质准备：黑板、笔、统计表

创作过程：

胡萝卜馅的饺子很有营养。　　　　用笔记录下来。

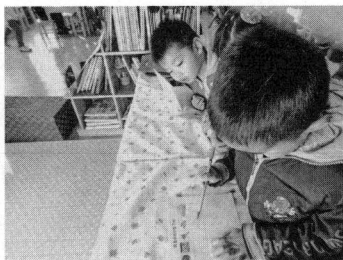

作品展示：

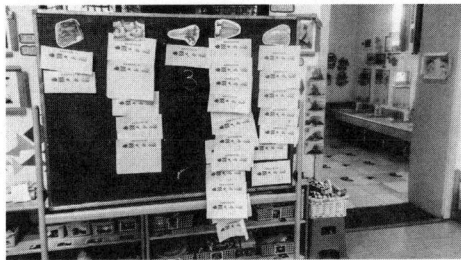

很多小朋友喜欢吃胡萝卜馅的饺子。

活动反思

第一步：执教老师反思

幼儿说出自己常吃的饺子馅，想了解一下小班弟弟、妹妹最想吃什么馅的饺子，告诉食堂的教师，这样小班幼儿就可以多吃一些，就不会想家了。幼儿拿着任务单和水彩笔，分三个小组分别到三个小班去调查。幼儿特别认真，耐心地介绍五种饺子馅，听了弟弟、妹妹们的回答后，用笔记录在调查表格里。

第二步：班级教师沟通

幼儿把调查表按类别粘贴在黑板上，幼儿一眼就看出小班的弟弟、妹妹最爱吃的是胡萝卜馅饺子，最不爱吃的是芹菜馅的。当教师出示调查结果、介绍每种蔬菜的营养价值时，幼儿认识到不要做挑食的孩子。

游戏五

游戏名称：择菜

物质准备：托盘、各种蔬菜、洗菜盆

创作过程：

我们要把胡萝卜洗干净。

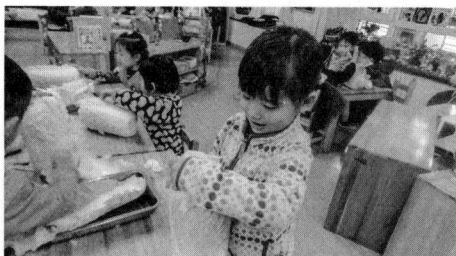

哎呀，白菜好难剥开啊！

作品展示：

回家做菜吃喽！

活动反思

第一步：执教老师反思

幼儿从家里带来做饺子馅的各种蔬菜，有芹菜、白菜、胡萝卜。活动中幼儿分为三组，一组是择芹菜，洗芹菜；一组是洗胡萝卜；一组是择白菜，洗白菜。活动中，幼儿都能够动手体验择菜的快乐。

第二步：班级教师沟通

幼儿学会了洗菜的方法，感受到了洗菜的辛苦，联想到爸爸、妈妈平时给自己做饭菜吃也很辛苦，感受到爸爸、妈妈的爱！

游戏六

游戏名称：包饺子
物质准备：擀面杖、面粉、饺子馅
创作过程：

我要把面粉变成大面团！

我的手上好多面啊！

小面团变成了大面团。

包个什么样的饺子呢？

作品展示：

我们包的饺子一定很好吃。

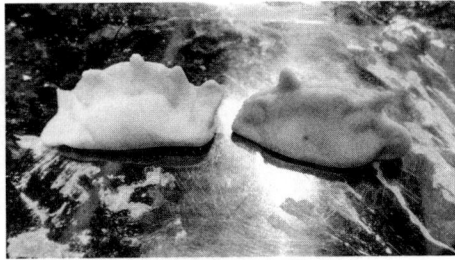

长着兔耳朵的饺子。

活动反思

第一步：执教老师反思

本次活动分三组进行，有和面组、擀面皮组和捏饺子组。和面组的幼儿拿着水杯从饮水桶里接够半杯水，然后往托盘里的面中加水，用小手把干面在水里搅拌，和面。有的幼儿一次倒的水过多，导致面都黏在了手上，于是让教师再给加点面粉，通过这次的经历，后来就知道要一点一点地倒水了。擀面皮组的幼儿把和好的面揉成球，压扁，然后拿着从家里带来的小擀面杖，前后、前后地擀面皮。擀完之后，送给捏饺子组的幼儿。捏饺子组的幼儿知道用小勺把饺子馅放在面皮里，然后把馅包住。刚开始时，馅出现过大或过小的现象，在教师的引导下能够做到不露馅，并想象创新出新的饺子样式。

第二步：班级教师沟通

每名幼儿都能积极地参与到活动中去，愿意动手包饺子。

游戏七

游戏名称：我设计的盘子

物质准备：丙烯颜料、水粉笔、胶棒、剪刀、彩笔、垫板、一次性纸碗、纸盘

创作过程：

我用彩笔画出花纹装饰盘子。

我粘贴不同形状的彩纸，装饰我的盘子。

我用笔画出很多的小花，装饰盘子。

我画的是青花瓷的盘子。

作品展示：

我们的五彩盘子

我们喜欢青花瓷盘子。

活动反思

第一步：执教老师反思

通过欣赏不同的盘子，幼儿丰富了自己对盘子的认知。在创作过程当中，幼儿也能够根据自己的兴趣进行选择。

第二步：班级教师沟通

根据作品呈现来看，幼儿能够结合自己的已有经验对盘子进行装饰。

游戏八

游戏名称：在什么地方吃饺子

物质准备：毛笔、墨汁、红纸、丙烯颜料、奶酪空盒、剪刀、彩纸

创作过程：

饺子煮好了，该吃饺子了。小朋友们想一想，过年吃饺子的时候，房间四周会布置成什么样子呢？一起来制作彩灯和灯笼，装饰我们的教室吧！

我们用奶酪空盒做彩灯。

彩纸做的灯笼很漂亮！

作品展示：

| 看看我们的小彩灯。 | 我们做的灯笼不错吧? |

活动反思

第一步：执教老师反思

幼儿在欣赏过、制作过、设计过饺子后，都能够感受到饺子带来的文化韵味，通过饺子感受新年的喜庆氛围。

第二步：班级教师沟通

能够合理地运用材料制作不同的作品，用来布置班里的环境，会用红色、黄色等喜庆、鲜艳的颜色迎合过年的节日气氛，感受吃饺子时全家人团圆、美满、幸福的氛围。

主题总结

1. 幼儿

幼儿通过这个主题活动，提高了作品欣赏能力，能够通过绘画、剪纸、泥工等多种形式表现饺子的特征，加强了动手制作的能力。

2. 教师

教师提升了自身的观察能力，能够注重平时的观察，了解幼儿的兴趣点。通过对幼儿的观察，开展活动。

3. 家长

多数家长能够感受到幼儿在本次美术主题活动中的收获，能够肯定幼儿在参与饺子游戏时提升了观察能力、表达能力、交往能力。

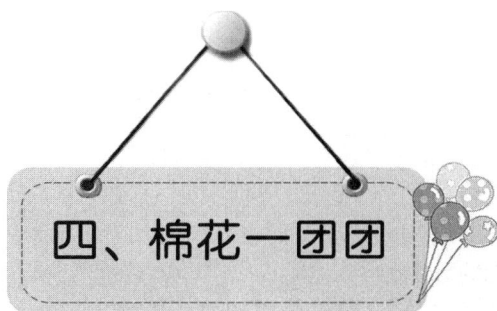

四、棉花一团团

主题名称

棉花一团团

主题由来

随着冬季的到来，天气也渐渐转凉。孩子们慢慢地穿上了厚厚的冬衣。早晨入园时，教师常常会问问孩子们冷不冷。小朋友都会坚定地说："不冷，因为我的衣服厚。""我穿的是羽绒服。""我穿的是棉服。"一次，户外游戏时，一名幼儿一直站在原地抠着自己的衣服，一会就从衣服的缝隙中拽出一小朵棉花，她举着棉花问："这是什么啊？""我知道，这是棉花。""衣服里为什么会有棉花呢？"孩子们七嘴八舌地说了起来。看着孩子们对棉花这么感兴趣，于是教师们根据孩子们的兴趣点，开展了一系列关于棉花的主题活动。

主题前例会

第一部分：班级教师集体备课——先行玩起来

教师1：可以用棉花进行拼贴画的游戏，利用砂纸、布一类的物品当作底衬，在上面粘贴棉花，创作不同的造型。

教师2：棉花可以和季节特征相结合，利用棉花的白色和可塑性强等特点，可以带着幼儿一起玩堆雪人。

教师3：也可以和新年结合，用棉花制作新年礼物。

第二部分：和幼儿、家长共同来讨论，编织"游宝图"（即"主题网络图"）

第一步：幼儿摆弄、操作材料

游宝图

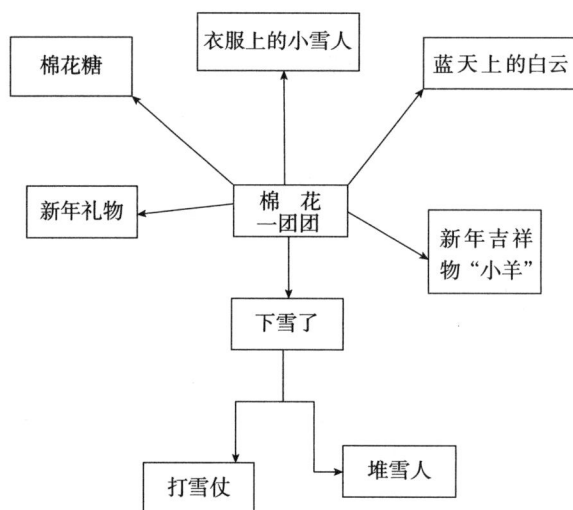

第二步：共同讨论

教师1：孩子们可以用棉花玩点什么游戏呢？

家长1：棉花跟棉花糖挺像的，能做棉花糖。

家长2：棉花可以当做云朵，形状不定。

家长3：可以了解一些关于棉花生长的常识。

家长4：棉花可以染色，变成不同的颜色，然后使用染色的棉花进行各种颜色小花的制作。

家长5：这时候该下雪却没有雪，可以用棉花制造个下雪的场景。

第三部分：班级教师集体备课——可利用的资源

1. 主题相关的背景知识

棉花（百度百科）

http://baike. baidu. com/link?url = UtGIYRp7hX77vr12AiqHbGO3lwB8BMp9bXP86V6anwcU baeL 52At8YlEvnH5CI5dYBr1LMSVq7yHamA1j8Yb2dG2lcLC7eQ _ OdhW77YuRAS

2. 儿歌、故事、歌曲等相关资料

儿歌：

棉　　花

棉花宝宝吹泡泡，

吹出个个大青桃，

桃子熟了不能吃，

咧开嘴儿吐白泡，

好像白云一朵朵，

又似爷爷胡子飘。

歌曲：《我是棉花糖》

http：//www.9ku.com/erge/shipin/15685.htm

3. 家长、社会资源

（1）寻找一些棉花生长过程的图片或照片。

（2）家里哪些物品中有棉花？请幼儿找一找，丰富幼儿对棉花的认识。

主题目标

幼儿所能获得的

1. 体验玩棉花带来的快乐。

2. 尝试用撕、拉、扭、缠等方式进行创作。

3. 主动用语言与别人交往，大胆运用词汇，体验语言交流对自己的意义。

4. 能够在活动中积极主动地与同伴交往，感受规则在各种活动中的意义，初步学会轮流、分享、谦让。

5. 学会主动观察、探索、发现棉花的特点，并从中体会到快乐。

6. 初步感知歌谣、歌曲和生活中的节拍与节奏，从中感受韵律美。

7. 能够利用身边的物品和废旧物材料制作玩具，表现其具体特征。

8. 能够尝试运用绘画、装饰等形式表达对规律美的理解（如重复、对称）。

教师所能获得的

1. 捕捉幼儿的兴趣点，设计出幼儿喜爱的活动。

2. 体验到幼儿游戏中的乐趣。

家长所能获得的

1. 随时发现身边可以利用的资源，鼓励幼儿探索身边事物的多种玩法。

2. 引导幼儿发现身边的美。

主题进行

游戏一

游戏名称：衣服上的小雪人

物质准备：棉花、即时贴、剪刀

创作过程：

轻轻撕点棉花！

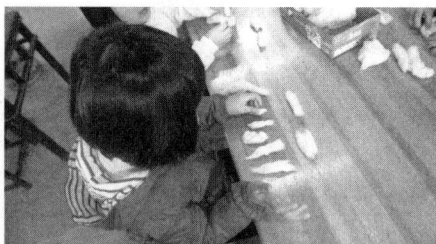

在桌子上摆一摆。

把撕好的棉花贴在身上！

剪个即时贴当作眼睛吧！

放在下巴上吧！

看看我的雪人！

作品展示：

我的雪人好看吗？

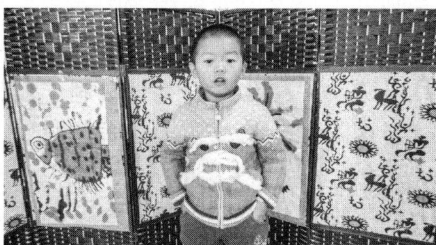

酷酷的雪人！

活动反思

第一步：执教老师反思

本次活动幼儿使用自己的方式来触摸、撕、贴棉花。在撕贴的过程中，有的幼儿把棉花当作胡子贴在下巴上，有的把棉花搓成一条一条地拼摆，还有的把拼摆好的粘贴在自己的衣服上。

第二步：班级教师沟通

在活动过程中，幼儿选择棉花的大小没有目的性，对于自己要怎样呈现作品缺乏认识。在以后的活动中要提示幼儿想好之后再进行创作，避免浪费材料。

游戏二

游戏名称：棉花糖

物质准备：棉花、颜料、吸管、丝带、双面胶、剪刀、砂纸

创作过程：

给棉花染色。

摆出漂亮的棉花糖。

缠出一个棉花糖。

给棉花糖点上漂亮的颜色。

作品展示：

花朵一样的棉花糖

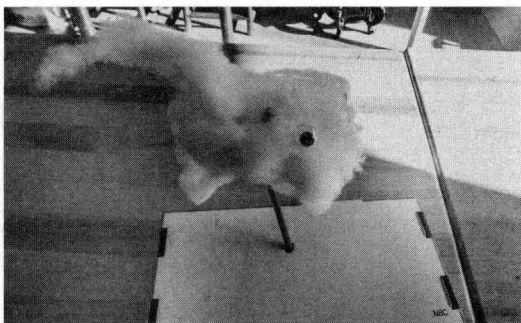

宠物棉花糖

活动反思

第一步：执教老师反思

幼儿对于自己动手制作棉花糖的活动非常感兴趣，使用缠绕的方式使棉花糖固定在吸管上，同时用多种方法来装饰自己的棉花糖，使它看上去更加漂亮。

第二步：班级教师沟通

做彩色棉花糖的幼儿染色时，棉花揪得太小了，在最后组装的时候遇到了困难。彩色棉花糖建议分两次进行，一次染色，晾干，下一次活动区游戏时，再组装。

游戏三

游戏名称：蓝天上的白云

物质准备：棉花、纸、浆糊、打孔器

创作过程：

棉花不用费力气就能扯下来。

我把棉花揉成团再粘！

看看咱们谁的办法好，谁粘得最快！

作品展示：

这回，我们不怕雾霾天气了！

我们班的蓝天、白云多漂亮！

你还想设计出什么样的云？

活动反思

第一步：执教老师反思

能够自己制作一个没有雾霾的云朵，幼儿都很开心。对于把大块的棉花揪成一小块一小块的动作，幼儿非常感兴趣，一边揪一边和周围的小伙伴说笑，几个人一起把棉花组合、粘贴成云的形状。

第二步：班级教师沟通

在进行相关动手活动中，总能看到个别幼儿不愿意动手制作，教师要关注到个别幼儿，同时参与到他的活动中，让个别幼儿在活动中也有所收获。

游戏四

游戏名称：新年吉祥物"小羊"

物质准备：圆形和椭圆形卡纸、胶水、棉花及粉色卡纸的边角废料

创作过程：

先拉成长条，然后再卷！

我的小羊毛卷儿卷好了。

小卷卷，我的小羊喜欢这样！

我要给小羊画好眼睛和嘴巴。

我的小羊还要有四条腿呢！

看我的小羊漂亮吧！一会儿亲亲！

作品展示：

小羊在对你说："新年快乐！"

我们一起迎接羊年的到来吧！

活动反思

第一步：执教老师反思

在本次活动中，幼儿又学习到一种新的操作棉花的方式——扭，两只小手配合着一翻转，弯弯的羊毛卷就做成功了。幼儿把自己制作的羊毛卷粘贴在小羊身上，又给小羊画上了五官，可爱的小羊诞生了！

第二步：班级教师沟通

鼓励幼儿使用多种方法制作小羊。

游戏五

游戏名称：堆雪人

物质准备：棉花、废旧物品（瓶盖、丝带等）、彩纸、剪刀、胶棒

创作过程：

先给雪人造个型。

给雪人弄点漂亮的头发吧！

给雪人系个围巾！

做个漂亮的头饰吧！

作品展示：

大眼睛的雪人

戴帽子的雪人

寻找一些棉花和废旧物品，和家长一起做个雪人吧！

活动反思

第一步：执教老师反思

幼儿对于雪人有过相关的感性经验，因此制作起来比较顺利。在活动中，幼儿自己寻找适合的辅助材料，有的拿纽扣，有的拿毛根，还有的用上了卡纸和丝网花的袜子。每个小雪人都神态各异，非

常传神。

　　第二步：班级教师沟通

　　在制作过程中，有的幼儿手里攥了很多的辅材，但是真正用到的辅材没有几种。因此在以后的活动中，要提醒幼儿制作时需要什么拿什么，不要一下拿很多，最后还没有用上。制作前，要先思考设计出形象，然后再动手操作。

游戏六

游戏名称：下雪了

物质准备：棉花、各色卡纸、浆糊、剪刀、线描笔

创作过程：

我设计的雪花有各种形状的。

我的雪花有很多的花瓣。

在剪好的雪花上贴上棉花，
就更像小雪花了！

我要粘个大朵的雪花。

作品展示：

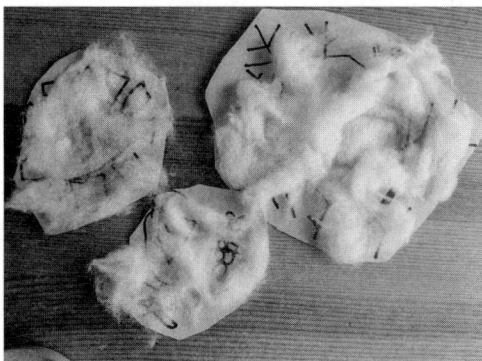

我们的雪花

盼望下雪！

一起把画好的雪花做成吊饰吧！

活动反思

第一步：执教老师反思

在观察雪花的外形特征之后，幼儿顺利地绘制出各种形态的雪花，并使用剪刀剪下一片一片小雪花，把棉花一片一片地粘贴在制作好的雪花上。

第二步：班级教师沟通

幼儿绘画的雪花形态很完整，但是使用棉花粘贴时，盖住了雪花的形态。再进行相关活动时可以使用搓、揉、揪等方式，丰富幼儿游戏时的手法，体现出小雪花形态的不同。

游戏七

游戏名称：打雪仗

物质准备：棉花、丝网、剪刀、线绳

创作过程：

用棉花做个雪球，去打雪仗吧！

把棉花装进丝网里吧！可能会变成一个大雪球。

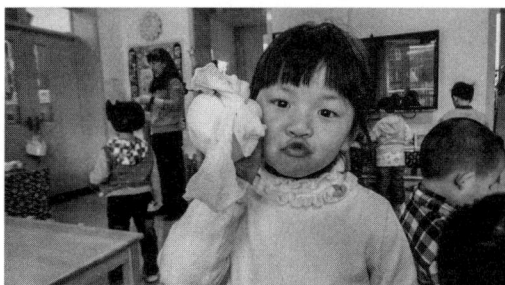

看我的雪球，和我一样漂亮。

别，别，别打我，咱俩是好朋友！

活动反思

第一步：执教老师反思

幼儿非常喜欢用棉花进行游戏。本次活动中，幼儿自己寻找和选择活动所需要的材料，并且自己尝试把棉花制作成雪球。有的自己缠绕毛线，有的请别的幼儿帮忙。制作完成后，幼儿和教师拿着自己的作品在操场上愉快地玩起了打雪仗的游戏。

第二步：班级教师沟通

与没有主动选择材料的幼儿一起寻找适合的材料，并征询此幼儿的意见，给他自己操作和实践的机会。

游戏八

游戏名称：新年礼物

物质准备：棉花、彩色砂纸

创作过程：

做什么好呢？先做几朵白云吧！

大家猜猜我会做个什么？

嘿嘿，棉花很听我的话哦！

先藏起来，不让你们看我的。

作品展示：

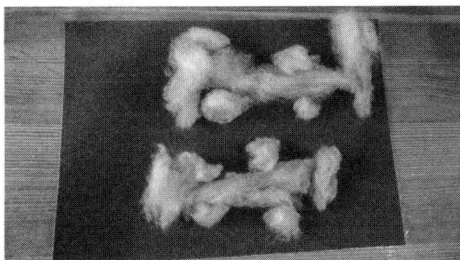

小浦，这是我做的 F1 赛车。

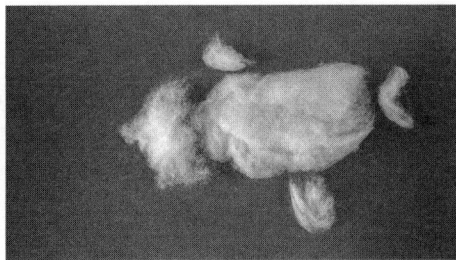

嘟嘟，我的故障鸟朋友。

活动反思

第一步：执教老师反思

幼儿通过撕、揪、揉等方法，把棉花弄成自己需要的形态，并且尝试组合棉花。在一番忙碌后，一件一件栩栩如生的新年礼物诞生了。

第二步：班级教师沟通

在活动过程中，注意搜集不使用的棉花，并把不使用的棉花放到固定地点。

主 题 总 结

1. 幼儿

在本次主题活动中，幼儿接触到了冬季里常见的棉花。通过小手的触摸、小脸贴在棉花上，来感受棉花的柔软。幼儿不仅知道了棉花可以保暖，也通过自己的探索和制作，感受到了棉花的有趣。同时学习到了几种和棉花做游戏的方法。如：染色、揪、搓、揉、粘、剪等。通过幼儿的小手，一团普通的棉花也像有了生命一样，变得充满童趣和生机。

2. 教师

教师通过观察幼儿的游戏水平，不断丰富主题内容，设计出更加适合幼儿游戏的活动。在参与幼儿的活动过程中，也发现了活动设计中的不足，为以后相关活动积累了宝贵的实践经验。让教师的教育融入到日常生活的点滴之中，通过游戏促进幼儿各领域全面均衡发展。

3. 家长

通过"棉花一团团"主题活动，家长意识到幼儿身边处处都是教育资源，要善于发现和挖掘身边事物的教育价值，融教育于无形。让幼儿在快乐的游戏中，获得成长和进步。

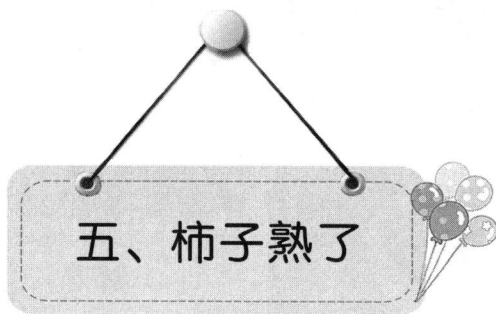

五、柿子熟了

主题名称

柿子熟了

主题由来

随着秋天的到来，教室门前的柿子树上，缀满了橘黄色的柿子。小朋友们常常趴在窗前望着柿子树。有的孩子走到柿子树下问："老师，柿子熟了吗？可以吃了吗？"有的孩子踮着脚尖，蹦一蹦，去摸挂在低处的柿子。有的孩子伸出手向上一蹦，从树上摘下一个柿子，高兴地拿到教室里。看到孩子们对于幼儿园中的柿子树这么感兴趣，班级教师决定跟随幼儿的兴趣，开展一个关于柿子的主题活动。

主题前例会

第一部分：班级教师集体备课——先行玩起来

教师1：咱们可以摘柿子，吃柿子，还可以在柿子上画出漂亮的图画。

教师2：也可以观察柿子的变化，也可以观察柿子树的叶子颜色变化。

教师3：可以用很多的柿子堆砌出各种造型。

教师1：摘下来的柿子，还可以赠送给他人。

教师2：可以进行制作柿子饼的活动，既动手操作，又能品尝到自己劳动的成果，肯定很有意思。

教师3：可以漤柿子！

第二部分：和幼儿、家长共同来讨论，编织"游宝图"（即"主题网络图"）

第一步：幼儿摆弄、操作材料

把柿子冻起来。

摆一摆柿子。

第二步：共同讨论

教师1：这次把大家召集起来，是想让大家也一起参与到我们的主题创设中来，集思广益，看看采用什么方式能够让活动更丰富、有趣。

家长1：可以吃柿子吗？

教师2：我们会有吃柿子的环节。

家长1：吃柿子，要少吃一些。

教师2：我们只会品尝一点点，不会鼓励孩子使劲儿吃这个的！我们知道吃多了柿子对身体不好！

家长2：幼儿园里的柿子要是能摘，就可以摘柿子。

家长3：柿子树的叶子也可以玩儿，我们小时候就常常玩柿子树的叶子，把叶子捣碎，捏成小球，扔着玩，扔在身上也不疼。

家长4：可以画画柿子。

家长5：柿子现在都是硬的，可以想办法给它弄软了！

家长6：柿子也能摆个造型什么的！

教师2：咱们家里面如果吃柿子，大家可要把柿子蒂给我们留下，我们还想用柿子蒂做点什么呢！

第三部分：班级教师集体备课——可利用的资源

1. 主题相关的背景知识

柿子，是一种浆果类水果，每年10月左右成熟，果实形状较多，如球形、扁圆形、近似锥形、方形等，不同的品种颜色不同，从浅橘黄色到深橘红色不等。原产地在中国，栽培已有一千多年的历史。

2. 儿歌、故事、歌曲等相关资料

儿歌：

柿 子 红

柿子红、柿子黄，
柿子味道甜似糖，
柿子柿子长树上，
摘下柿子尝一尝。

儿歌：《**食柿子**》

http：//v.ku6.com/show/usP8z1FG0yg5VROsIRiNlA...html？from＝my

儿歌：《**柿子红**》

http：//www.baobao88.com/bbmusic/erge/12/2474855.html

手指操：《**吃柿子**》

http：//v. ku6. com/show/cjHnqPbTGc7cLHEnzHTYqQ...html

故事：《*老虎与柿子饼*》《*小山羊的柿子树*》

3. 家长、社会资源

引导幼儿观察身边的柿子树。

```
                          ┌──────────┐
                          │  摘柿子   │
       ┌──────────┐       └──────────┘
       │柿子画（柿子│            ↑            ┌──────────┐
       │拼摆造型）  │                         │  溇柿子   │
       └──────────┘                         └──────────┘
                     ┌──────────┐                 ↓
                     │ 事事如意  │            ┌──────────┐
                     └──────────┘            │ 品尝柿子  │
       ┌──────────┐  ┌──────────┐            └──────────┘
       │方柿子、   │  │ 国画柿子  │
       │圆柿子     │  └──────────┘
       └──────────┘        ↑              ┌──────────┐
                                          │ 折纸柿子  │
       ┌──────────┐  ┌──────────┐         └──────────┘
       │"柿"字谐   │  │"柿柿"有我 │
       │音游戏     │  └──────────┘      ┌──────────┐
       └──────────┘        ↑           │ 做柿子饼  │
                     ┌──────────┐       └──────────┘
                     │  柿子     │
       ┌──────────┐  │  熟了     │
       │在哪儿     │  └──────────┘
       │吃柿子     │
       └──────────┘
          ┌──────────┐ ┌──────────┐ ┌──────────┐
          │柿子的    │ │柿子的    │ │柿子      │
          │铠甲      │ │棉衣      │ │陀螺      │
          └──────────┘ └──────────┘ └──────────┘
```

主题目标

幼儿所能获得的

1. 积极探索柿子树和柿子的多种玩法。

2. 在探索游戏中，提高自我保护意识和能力。

3. 主动运用语言与别人交往，大胆运用词汇，体验语言交流对自己的意义。

4. 能够在活动中积极主动地与同伴交往，感受规则在各种活动中的意义，初步学会轮流、分享、谦让。

5. 学会主动观察、探索柿子树叶子及柿子的变化，并从中体会到愉快。

6. 用各种常见材料（纸、木、布、塑料、颜料、废旧材料等）和工具（剪刀、尺子、漏斗、筛子、各种容器等）进行简单的尝试和探索。

7. 初步感知歌谣、歌曲和生活中的节拍与节奏，从中感受韵律美

8. 能够利用身边的物品和废旧材料制作玩具，表现其具体特征。

9. 能够尝试运用绘画、装饰等形式表达对规律美的理解（如重复、对称）。

教师所能获得的

1. 捕捉幼儿的兴趣点，设计出幼儿喜爱的活动。

2.体验到幼儿游戏中的乐趣。

家长所能获得的

1.随时发现身边可以利用的资源，提高家长教育意识、环保意识。

2.发现身边和生活中的美。

主题进行

游戏一

游戏名称：摘柿子

物质准备：各种摘柿子和盛柿子的工具：水枪、拳头、渔网、钩子、夹子、棉花、布口袋

游戏过程：

观察摘柿子的方法。

做好接柿子的准备。

使劲啊，就要摘下来啦！

我们把柿子运回家。

活动反思

第一步：执教老师反思

幼儿能够尝试多种摘柿子的方法，从中发现最有效的方法，知道保持环境的整洁。

第二步：班级教师沟通

在活动中，要注意幼儿的安全，特别是在空旷场地上的活动，要注意观察幼儿的游戏状态。

游戏二

游戏名称：摆柿子游戏

物质准备：清理好多余枝叶后的柿子若干

创作过程：

我有主意了，咱们摆个火车头吧！

阿斯克达火车头，像不像？

怎么像汽车轮子？

我们的小汽车，看见四个轮子了吗？

活动反思

第一步：执教老师反思

幼儿能够根据柿子的外形特征进行拼摆造型，同时在造型过程中进行点数。

第二步：班级教师沟通

在活动中要注意幼儿的安全，提示幼儿没有清洗的柿子不能吃，注意个人饮食卫生。

游戏三

游戏名称：分柿子

物质准备：收集来的柿子若干

创作过程：

在分柿子之前，我们要把柿子集中起来，看看一共有多少。

我们来分个组吧，好朋友一起去给大家送柿子。

先给小班弟弟、妹妹送柿子吧！

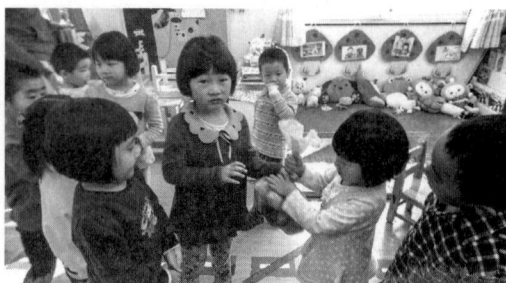

小妹妹快拿着，给你尝尝！

这里是大班吧？我们敲敲门。

我帮你们分分吧，别打架！

活动反思

第一步：执教老师反思

在分柿子的活动中，幼儿都非常愿意与幼儿园内的教师和小朋友分享，并且知道自己要去的班级在哪一层的什么方位，能够主动大方地与其他班级的教师和小朋友交流。

第二步：班级教师沟通

提醒个别幼儿注意安全，上、下楼梯虽然靠右行走，但是有的幼儿之间挨得太近，容易把其他人挤摔。

游戏四

游戏名称：事事如意

物质准备：洒金宣纸、黑卡纸、剪刀、胶棒

创作过程：

小朋友正在认真地剪自己所要表达的形象。

我要把小纸片粘得很结实。

作品展示：

我想变成小公主，但是一个人太孤单了，
所以我就让南瓜车、小花和我作伴。

我想要个履带挖掘机，还能挖土呢！
得到它，我的愿望就实现了！

住在楼房里的人喜欢养花，
旁边还有仙人掌。

小朋友们会用吉祥话祝福有愿望的
小朋友："祝你事事如意！"

活动反思

第一步：执教老师反思

幼儿了解"事事如意"吉祥用语的含义。在创作过程中，能够专注于自己的创作过程，大胆使用剪贴的方式进行表现。

第二步：班级教师沟通

个别幼儿在讲述时，教师需要提醒别的幼儿要认真倾听，才能更好地和讲述的小朋友互动。

游戏五

游戏名称：画柿子

物质准备：毛笔每人两支、笔架、调色盘、宣纸、国画颜料、涮笔筒

创作过程：

画个大柿子！

我要画多多的柿子！

橘色的柿子和红色的柿子。

我的柿子长又大！

作品展示：

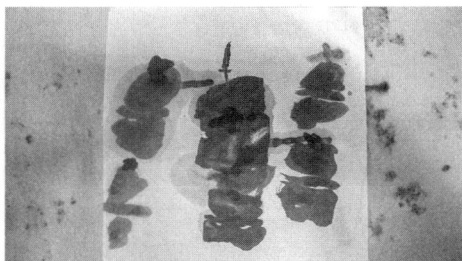

好多的柿子啊！看着就好吃！　　　　　　　我的大柿子！

活动反思

第一步：执教老师反思

幼儿愿意参与国画绘画柿子的活动。能够尝试自己调配柿子的颜色，并大胆创作。创作过程中，幼儿能够相互帮助。有的幼儿调出的颜色自己不喜欢，其他幼儿把自己的颜色借给他用。

第二步：班级教师沟通

幼儿虽然使用了国画颜料进行国画创作，但是正确使用画笔的方法还没有掌握，在以后的游戏中可以逐步渗透。

游戏六

游戏名称：方柿子、圆柿子

物质准备：大张黑色卡纸、黄色系的颜料、调色盘、毛笔、柿子若干

创作过程：

慢一点，不能把柿子画成怪兽。　　这么多柿子在吵架。　　怎么长成这个样子啊？

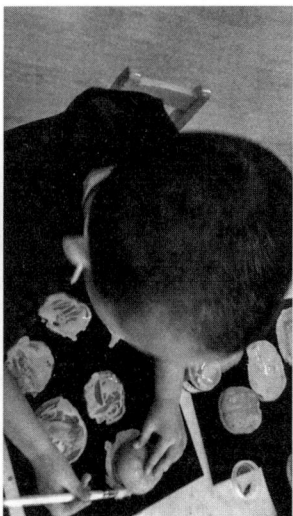

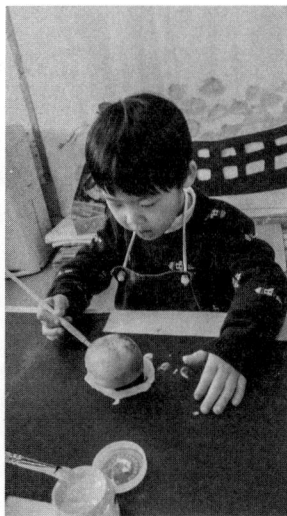

我怎么看不到我的笔了？　　　　柿子里面还有很多好吃的果肉。

作品展示：

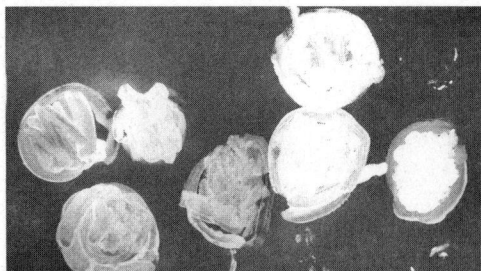

我的柿子里藏着一个小怪物。

我的柿子在天上飞。

活动反思

第一步：执教老师反思

幼儿特别喜欢用柿子当材料进行绘画的形式。能够有目的地选择不同的黄色进行绘画。在绘制过程中都非常小心，生怕颜色会蘸到柿子上。

第二步：班级教师沟通

教师需要关注平时创作能力较弱的幼儿，及时给予帮助。本次活动中，出现了有的幼儿一直举着笔不知道从哪儿入手的情况。

游戏七

游戏名称："柿柿"有我

物质准备：甜柿子和涩柿子若干、之前幼儿画好的柿子作品、彩色笔、黑色油性笔、铅笔

创作过程：

我们准备了甜柿子和涩柿子，大家猜猜哪个是甜的？哪个是涩的？尝尝吧！把你吃水果时的表情画下来吧！

好甜的柿子啊，
吃完好开心！

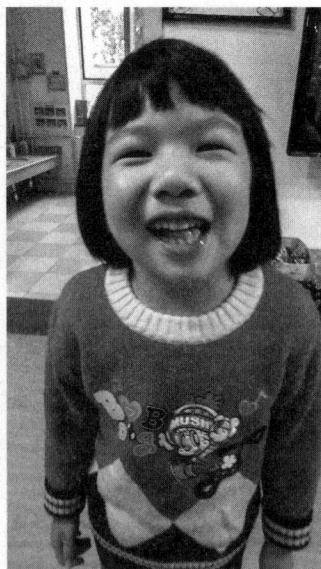

哎呀，好涩的柿子啊，
不好吃！

作品展示：

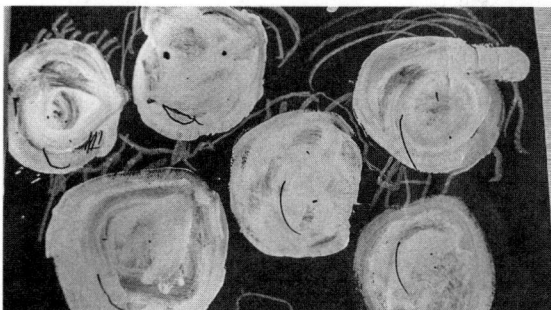

甜柿子和涩柿子要去旅行喽！　　　　　　　　我们是柿子一家，你都认识吗？

活动反思

第一步：执教老师反思

幼儿能借助柿子进行想象创作。把自己吃到不同成熟度柿子的感觉和感受，用自己绘制的表情表现出来。

第二步：班级教师沟通

多数作品有幼儿的情感在其中。没有自己情感的作品，在以后的活动中要给与幼儿更多接触和感受的机会，让他们获得最直接的体验，为以后的创作奠定基础。

游戏八

游戏名称：在哪儿吃柿子

物质准备：吃柿子场景的卡片、胶棒、洒金宣纸、剪刀、线描笔

创作过程：

你想在哪里吃柿子呢？在这些场景卡片上动笔添画或者剪贴吧！

粘一棵大大的柿子树。　　　　　　　画上柿子的柄吧！

作品展示：

我和妈妈在船上吃柿子！水里还有小鱼！

我和小雪人一起吃柿子！

我在海边的帐篷外面吃柿子。

我坐在椅子上吃柿子！

活动反思

第一步：执教老师反思

幼儿能够利用身边的物品制作柿子及相关人物，会使用剪贴、绘画等方式表现出吃柿子的情境。

第二步：班级教师沟通

在作品完成后，清理自己制造的废弃物方面还需要提高。可以利用类似于"吸尘器"这样的戏剧活动，把自己使用的工具材料收拾整齐。

游戏九

游戏名称：柿子的盔甲

物质准备：柿子人手一个、胶棒、儿童剪刀、高丽纸、垫板

创作过程：

小朋友一起给柿子做个盔甲吧！

我们先把纸剪得小一点！

我要剪成一条一条的！

把盔甲粘在柿子上！

把纸粘在柿子上，一定要把柿子包严实了！

作品展示：

柿子的盔甲怎么样？

把穿着盔甲的柿子摆成一排！

活动反思

第一步：执教老师反思

幼儿能够熟练地使用剪刀把宣纸剪成小块，并正确使用胶棒在柿子上粘贴纸条，把柿子裹得严严实实。

第二步：班级教师沟通

在作品完成后，清理自己制造的废弃物方面还需要提高。可以利用类似"吸尘器"这样的戏剧活动，让幼儿把自己使用过的工具、材料收拾整齐。

游戏十

游戏名称：**柿子的棉衣**

物质准备：小朋友从家里带来的各种材料、一部分穿好衣服的柿子、儿童安全剪刀、各种彩色纸、胶棒

创作过程：

我要给柿子做个条形的衣服。

我要给小柿子做个和我一样的衣服。

作品展示：

我的小柿子戴着高帽子，好开心！

我的柿子戴上帽子会伪装，找不到了吧？

看我的小柿子多神气！

我的小柿子有一个带小花的帽子。

活动反思

第一步：执教老师反思

幼儿能够使用撕、缠的方法给柿子穿衣服，并在自己给柿子穿的衣服上绘画好看的花纹进行装饰。还有的幼儿用剪纸粘贴的方式进行装饰。

第二步：班级教师沟通

可以给幼儿提供更多适宜使用的材料，不局限于教师提供的材料上，鼓励幼儿自己从班级中寻找并使用。

游戏十一

游戏名称：柿子陀螺

物质准备：圆形小纸片、胶棒、水彩笔、柿蒂、各色彩纸、剪刀、纸黏土

创作过程：

绘制出自己喜欢的线条和图案！

剪一个彩色陀螺吧！

把纸黏土放在柿子蒂里更好粘！

粘一些小纸片作为陀螺的电刺。

我的柿子陀螺转起来了！

我的柿子陀螺转转转！

作品展示：

长着小辫子的陀螺

方陀螺

活动反思

第一步：执教老师反思

幼儿能够积极参与到本次活动中，愿意使用自己搜集的柿蒂进行制作活动。能够选择冷暖色绘制陀螺，并给自己制作的陀螺进行简单的装饰。制作完成后，就迫不及待地和小朋友一起转起陀螺来。

第二步：班级教师沟通

幼儿装饰陀螺的花纹略显单调。可以给幼儿提供欣赏多种花纹的机会，丰富幼儿的原有经验，提高装饰能力。

游戏十二

游戏名称：柿子树的树纹衣

物质准备：水彩笔、剪刀、速干胶、皱纹纸、吹塑纸、绘画纸、棕色卡纸、不织布、线描笔

创作过程：

柿子树的纹理是一个小格子一个小格子的。

摸摸树皮是什么感觉？

把看到的树皮画下来！

两个人一起画吧！

剪一些彩色的小方块吧！

用胶把剪好的小方块固定住哦！

作品展示：

柿子树的树皮衣

活动反思

第一步：执教老师反思

幼儿通过亲手摸和用眼睛观察等方法，发现柿子树的树皮和其他树木的不同。尝试用线描笔绘画柿子树皮的纹理，使用多种材料制作柿子树皮。

第二步：班级教师沟通

注意制作活动结束后，能将材料收拾整齐并归位。

游戏十三

游戏名称：柿子饼

物质准备：面粉、豆沙馅、盘子

创作过程：

开始创作前，要把手洗干净哦！

看谁先把面和好？

放上豆沙馅包起来喽！

作品展示：

这是生柿子饼的样子。

这可是熟的喽！好香！

真的很香甜，太好吃了！

活动反思

第一步：执教老师反思

幼儿非常喜欢动手制作食物。他们能够使用团、压、捏、包的方法制作柿子饼，并且愿意和小伙伴分享自己的作品。

第二步：班级教师沟通

在捏柿子饼的过程中，有的幼儿不愿意用手去揉捏有柿子的面团。教师可以给这样的幼儿以语言支持，让每个幼儿都能参与到活动中。

主题总结

1. 幼儿

通过采摘柿子等一系列与柿子有关的游戏活动，促进了幼儿对柿子的认知，提高了幼儿的语言交往能力，用自然物去表现与创造的能力。同时学会主动观察、探索柿子树，提高了观察能力以及做事情的计划性。

2. 教师

教师通过深入观察幼儿的日常活动状况，设计出幼儿喜爱的主题活动。能够积极主动利用家长和社区资源，如教师发动家长利用十一假期和幼儿一起在家里进行漤柿子的游戏。不仅让幼儿在幼儿园有所收获，在家庭中同样也能够有所收获。教师观察幼儿的能力逐步增强，时刻以幼儿为主体，促进幼儿健康快乐的发展。

3. 家长

家长能够参与到幼儿的主题游戏之中，利用假期和幼儿一起搜集有关柿子的信息，同时一起进行漤柿子的游戏，不仅改善了亲子关系，同时也给家长提供了观察和了解自己孩子的机会，强化了家长的教育意识。

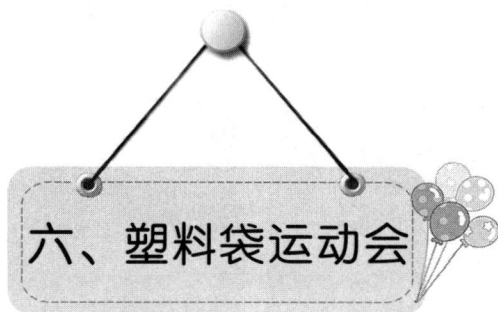

六、塑料袋运动会

主题名称

塑料袋运动会

主题由来

随着色彩主题的展开，孩子们带来了很多彩色的塑料袋。在分散活动中，总有一些孩子，把恩物搜集筐中的塑料袋拽出来。有的在手中把塑料袋攒成球，抛向空中；有的对着塑料袋的口吹气；有的就把塑料袋放在桌子上，叠成小方块；孩子们总有不同的方法，来和这些塑料袋做游戏。通过观察，发现孩子对这些塑料袋游戏很感兴趣，因此特别设计了这个好玩的塑料袋主题。

主题前例会

第一部分：班级教师集体备课——先行玩起来

教师1：往塑料袋里吹气，把它吹鼓，系上口，几个人一起往上托打，不让它掉下来。可以在塑料袋里装上水，扎几个洞，当作浇花的喷壶。可以在塑料袋上画出每天的心情。揉搓塑料袋，会发出不同的声音。

教师2：无土栽培，在塑料袋里放入营养液，放上绿植。可以顶在头上当帽子或者头饰、发饰。

教师3：可以做成衣服穿在身上。塞在衣服里当尾巴。装上水，倒入颜料，揉搓，感受色彩。

第二部分：和幼儿、家长共同来讨论，编织"游宝图"（即"主题网络图"）

第一步：幼儿摆弄、操作材料

第二步：共同讨论

会唱歌的塑料袋、好看的发饰、编一条长尾巴、心情娃娃、长翅膀的塑料袋。

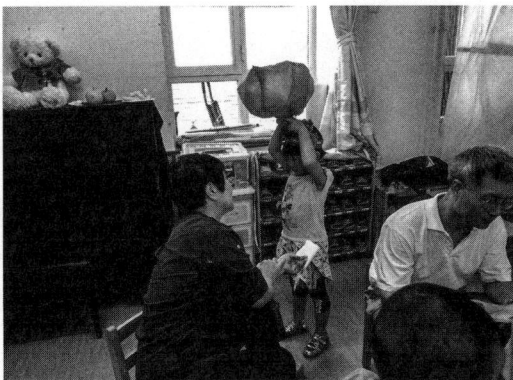

教师：今天晚上召集大家来，咱们和孩子一起，体验体验玩塑料袋。另外，大家想一想、说一说，塑料袋还可以怎样玩？

家长 1：可以做一个小披风，系在脖子上。

家长 2：男孩子就像个超人，女孩子弄个小公主裙也挺好的。

家长 3：男孩子就喜欢超人，弄个超人的披风，小孩一定特喜欢！

家长 4：一些鞋套也可以用上吧，可以弄个塑料小人，贴上五官。

家长 5：哎！可以做成个水母。

家长 6：可以在里面吹上气，系上口，打着玩！

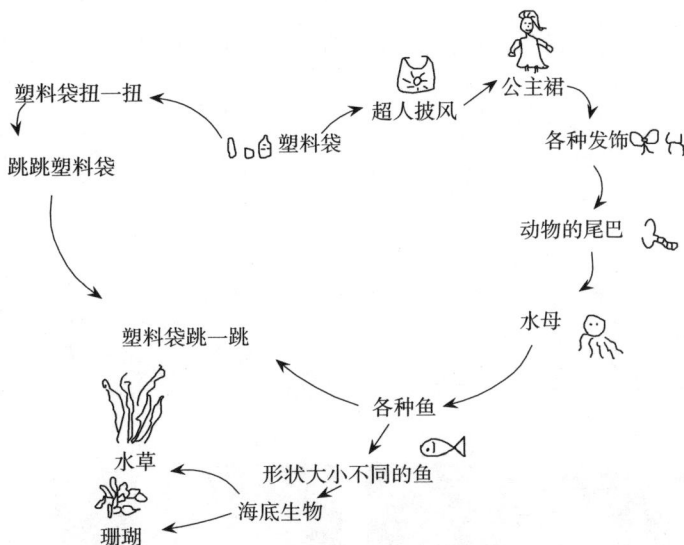

第三部分：班级教师集体备课——可利用的资源

1. 主题相关的背景知识

（1）海底的鱼类：http：//baike. baidu. com/view/135510. htm？fr＝aladdin

（2）塑料方便袋是常见的家庭用品，它色彩鲜艳，质地轻便，我们把它作为幼儿体育游戏的材料，可以让幼儿分散玩，也可以结伴玩或作为分队竞赛的物品，能起到多功能和可变性的作用。

2. 儿歌、故事、歌曲等相关资料

歌曲《低碳环保伴成长》

3. 家长、社会资源

（1）假期带幼儿去参观海洋馆，了解海洋生物。

（2）搜集塑料袋。

（3）阅读与海洋生物有关的书籍。

主题目标

幼儿所能获得的

1. 积极探索塑料袋的玩法。

2. 在探索塑料袋的游戏中，提高自我保护意识和能力。

3. 主动运用语言与别人交往，大胆运用词汇，体验语言交流对自己的意义。

4. 能够在活动中积极主动地与同伴交往，感受规则在各种活动中的意义，初步学会轮流、分享、谦让。

5. 学会主动观察、探索塑料袋变化的简单规律，并从中体会到愉快。

6. 用各种常见材料（纸、木、布、塑料、颜料、废旧材料等）和工具（剪刀、尺子、漏斗、筛子、各种容器等）进行简单地尝试和探索。

7. 初步感知歌谣、歌曲和生活中的节拍与节奏，从中感受韵律美。

8. 能够利用身边的物品和废旧物材料制作玩具，表现其具体特征。

9. 能够尝试运用绘画、装饰等形式，表达对规律美的理解（如重复、对称）。

教师所能获得的

1. 捕捉孩子的兴趣点，设计出幼儿喜爱的活动。

2. 体验到幼儿游戏中的乐趣。

家长所能获得的

1. 随时发现身边可以利用的资源，提高家长教育意识、环保意识。

2. 发现身边和生活中的美。

主题进行

游戏一

游戏名称：塑料袋扭一扭
物质准备：各种塑料袋、毛根
创作过程：

扭啊扭，使劲儿扭！　　　　　　　　　　扭成长条了，围起来很像手镯啊！

幼儿1：冠冠，你帮我拿着，我去再选一个塑料袋。千万别松手啊，松开就不像了。

幼儿2：我扭成了一条围巾，戴在脖子上正合适。

幼儿3：我扭成了一架大飞机，一会儿它就飞上天了。

幼儿4：我的花孔雀会跳舞啊！

幼儿5：老师，这是我做的项链。你知道我是怎么做的吗？我先扭一下，然后把这个头再扭进去，就成了！

作品展示：

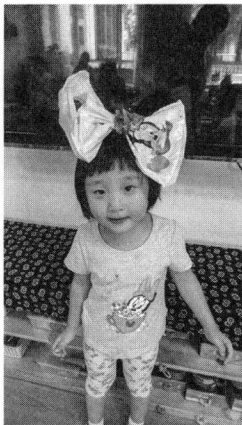

看我像公主吗？

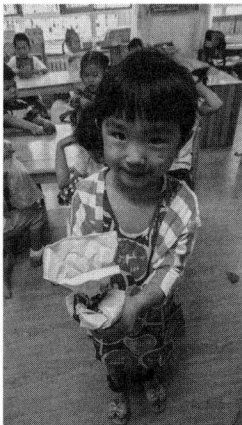

我做的百合花，黄色的，妈妈最喜欢！

活动反思

第一步：执教老师反思

在玩的过程中，幼儿很容易掌握扭的技能。在扭的过程中，他们发挥了自己的想象力和创造力，制作出不同的作品。

第二步：班级教师沟通

今天的活动中，幼儿能用扭的方法来玩塑料袋。下次活动重点练习系的技能。这些技能会对后面开展玩塑料袋的活动有帮助。

游戏二

游戏名称：塑料袋跳一跳

物质准备：塑料袋、油性笔、塑料袋夹子

创作过程：

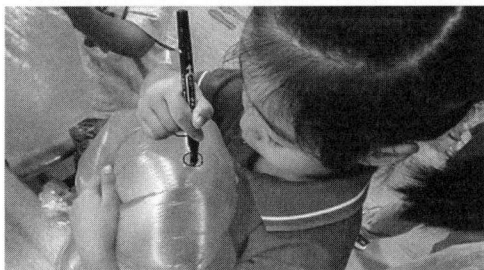

我要把我自己画在上面！

大家用力吹啊！

幼儿1：老师，是先用扭一扭的方法把气留住，然后再系好扣吗？

幼儿2：我可以用吹气的方法把塑料袋吹鼓。

幼儿3：老师快看，我坐在这里也可以把塑料袋装满空气。

幼儿4：我要把自己画在塑料袋上。

幼儿5：我可以用我的头顶塑料袋，让它不停地跳啊跳。

幼儿6：我可以把塑料袋系在腿上，我跳它也跳，它会跟着我跳。

作品展示：

塑料袋宝宝大聚会！

看我玩得怎么样？好开心！

活动反思

第一步：执教老师反思

幼儿在撕一撕、吹一吹、系一系、画一画的过程中，体验到了塑料袋的变化。在充气完成后，他们能用不同的方法玩自己的塑料袋，想出了很多不同的、让塑料袋跳起来的方法。

第二步：班级教师沟通

通过这两次活动，幼儿对玩塑料袋更加感兴趣！同时，幼儿感受到了在塑料袋上绘画要轻轻的，知道塑料袋可以随意造型，为后面的活动打下了基础。

游戏三

游戏名称：制作自己喜欢的服装

物质准备：彩色大塑料袋、丝带、剪刀、毛根、即时贴

创作过程：

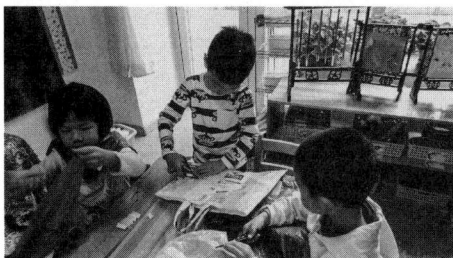

选择一个自己喜欢的塑料袋。

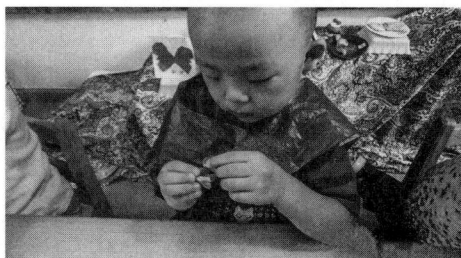

这个扣还不太好系！

幼儿1：我要做个漂亮的公主裙！

幼儿2：我喜欢吊带裙，要用一些丝带来做。

幼儿3：超人的衣服有个能量标，我要把这个小鸭子剪下来，贴上。

幼儿4：我最会用剪刀，我能把这个小汽车剪下来，贴在我的衣服上。

作品展示：

我的吊带裙，很不错吧！

我的超人衣服真酷！

活动反思

第一步：执教老师反思

幼儿在制作自己喜爱的服装时，能够使用剪刀和双面胶等工具材料。创作过程中，能够专注于自己当前的事情。制作结束后，能够非常高兴地展示自己服装。

第二步：班级教师沟通

幼儿的想法非常独特，能够动手、动脑，大胆创作。从服装的装饰上，可以看出幼儿非常喜欢参与这样的活动。

游戏四

游戏名称：大尾巴

物质准备：长塑料袋、彩色纸条、丝带、即时贴、彩色笔、彩纸、胶棒、双面胶、报纸

创作过程：

我要把报纸揉成球，
装进尾巴里！

我要把尾巴吹起来！

幼儿1：我想做一条长长的尾巴！我需要多一点儿的塑料袋！

幼儿2：我需要点即时贴，做一条老虎的尾巴！

幼儿3：小鱼的尾巴很漂亮，可是需要好多彩色的纸条才行。

幼儿4：这个尾巴怎么才能系上呢？小宝，帮帮我，好吗？

幼儿5：我要把喜欢的小花都画在尾巴上，这样我和别人的尾巴就不会混在一起了！

幼儿6：你知道为什么我做的尾巴这么短？因为这是兔子的尾巴！所以需要短一点。

幼儿7：我要和小浦合作完成一条大尾巴！

作品展示：

长长的尾巴和短短的尾巴！

分成一段一段的尾巴！

活动反思

第一步：执教老师反思

幼儿利用填充、吹气、剪贴等方式，将豆浆袋做成了长短、粗细不同的尾巴。在进行物品填充的过程中，幼儿能够运用到揉、搓、拧等方式，使装进去的材料变化形式更丰富。

第二步：班级教师沟通

有些幼儿认为尾巴就是瘪瘪的，可以支持他的想法。另外可以把活动延伸到户外，让幼儿使用自己制作的材料进行游戏！

游戏五

游戏名称：海底大珊瑚
物质准备：长塑料袋、丝带、剪刀、彩色笔
创作过程：

你快吹，我来帮你！　　　　咱们给珊瑚装饰一下吧！

幼儿1：咱们做很多珊瑚是不是可以招来很多小鱼？以后我们可以在班里钓鱼。

幼儿2：太好了，那我们天天有鱼吃了！

幼儿3：我真希望有很多小鱼喜欢珊瑚，来咱们班，那多漂亮啊！

幼儿4：一一，你来帮我一下好吗？我自己拿不住这个。

幼儿5：珊瑚下面还有很多海底的生物和小石子，我来画上吧！

幼儿6：我觉得红珊瑚最漂亮，我可以把珊瑚画成红珊瑚吗？（同伴们纷纷表示同意）

幼儿7：我离珊瑚太远了，够不着，我爬到桌子上画吧！

作品展示：

咱们的珊瑚好高啊！　　　　我要把珊瑚装饰成最漂亮的！

活动反思

第一步：执教老师反思

幼儿利用拧和系的技能，给长方形的塑料袋充气，并进行立体造型，组合成了珊瑚。在整个制作的过程中，他们初次尝试与同伴合作、配合，完成了制作活动，并主动进行了装饰。

第二步：班级教师沟通

一些幼儿觉得珊瑚可以吸引很多的小鱼来班里，我觉得可以利用幼儿的兴趣，用塑料袋继续制作小鱼，引导他们不断发现塑料袋的新玩法，并能不断尝试、展现自己的想法。

主题总结

1. 幼儿

幼儿在参与主题活动的过程中，积极探索塑料袋的玩法。在探索塑料袋的游戏中，提高自我保护意识和能力，知道不能把塑料袋套在头上。在操作的过程中，能够主动运用语言与别人交往，大胆运用词汇，体验语言交流对自己的意义。并学会吹和系的方法把塑料袋变鼓。还运用了绘画、装饰等方法来装饰和美化自己的作品。而且他们制作的材料，也投放到了户外游戏中。他们穿戴自己制作的玩具进行游戏，可开心了！幼儿从塑料袋的主题活动中获得了快乐。最后他们把自己在幼儿园制作的作品拿回家里，与家人分享。

2. 教师

从活动设计到实施，教师随时细致地观察班级中幼儿的表现，从幼儿的点滴表现中发现其兴趣点，确定接下来的活动。在指导幼儿的过程中，也发现幼儿的能力远比我们成人想象的强，因此在活动中要相信他们，并接纳他们的一些与众不同的做法。另外也让我们意识到，只要好好利用身边的材料，就能够全方面发展幼儿的能力，因此教师也需要有一双善于发现的眼睛。

3. 家长

家长也充分参与到了本次主题活动之中，让他们感受到幼儿园的教育理念和想法，并积极参与到幼儿园的活动中来，促进家园共育，有效提高幼儿学习和生活质量。

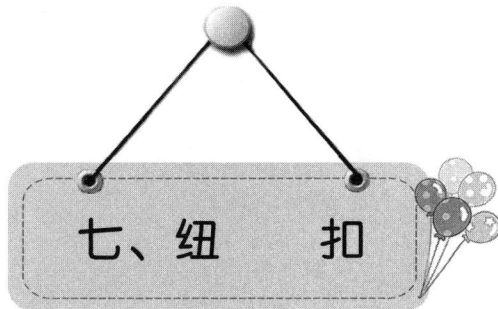

七、纽　　扣

主题名称

纽扣

主题由来

每天午睡起床，孩子们都喜欢摆弄一下自己衣服上的纽扣，还会经常讨论一下，谁的纽扣好看、纽扣是什么形状的、纽扣上有什么图案等。每天的午睡起床时间都变成了愉快的纽扣讨论时间。

主题前例会

第一部分：班级教师集体备课——先行玩起来
教师1：欣赏纽扣，用纽扣不同的颜色、形状组合，一起来制作纽扣画。
教师2：还可以进行粘贴、串，设计制作立体的纽扣吊饰。
教师3：也可以用纽扣装饰各种瓶子，进行添画等，制作纽扣花。

第二部分：和幼儿、家长共同来讨论，编织"游宝图"（即"主题网络图"）

第一步：幼儿摆弄、操作材料

第二步：共同讨论

家长1：纽扣可以粘贴。

家长2：把纽扣串成一串，作为饰品戴在身上。

家长3：用纽扣垒高，玩游戏。

家长4：可以先将纽扣拼摆出造型，粘在纸上，再添画。

家长5：可以给纽扣分类，按颜色、按形状都行。

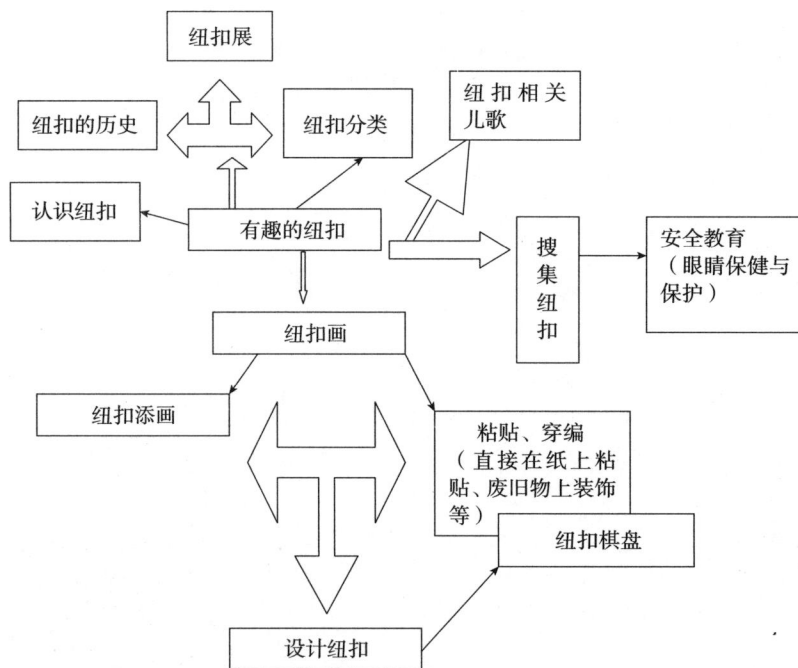

第三部分：班级教师集体备课——可利用的资源

1. 主题相关的背景知识

纽扣是谁发明的？

2. 儿歌、故事、歌曲等相关资料

儿歌：

扣　纽　扣

一个眼，一个扣，

我帮它们手拉手，

结成一对好朋友。

3. 家长、社会资源

（1）和幼儿一起搜集各式各样的纽扣。

（2）请家长给幼儿讲解眼睛保健知识。

主题目标

幼儿所能获得的

1. 积极探索纽扣的各种玩法。

2. 在探索纽扣的游戏中，提高自我保护意识和能力。

3. 主动运用语言与别人交往，大胆运用词汇，体验语言交流对自己的意义。

4. 能够在活动中积极主动地与同伴交往，感受规则在各种活动中的意义，初步学会轮流、分享、谦让。

5. 学会主动观察、探索纽扣的简单规律，并从中体会到愉快。

6. 用各种常见材料（纸、木、布、塑料、颜料、废旧材料等）和工具（剪刀、尺子、漏斗、筛子、各种容器等）进行简单地尝试和探索。

7. 初步感知歌谣、歌曲和生活中的节拍与节奏，从中感受韵律美。

8. 能够利用身边的物品和废旧物材料制作玩具，表现其具体特征。

9. 能够尝试运用绘画、装饰等形式表达对规律美的理解（如重复、对称）。

教师所能获得的

1. 捕捉幼儿兴趣点，设计出幼儿喜爱的活动。

2. 体验到幼儿游戏中的乐趣。

家长所能获得的

1. 随时发现身边可以利用的资源，提高家长教育意识、环保意识。

2. 发现身边事物的美和生活中的美。

主题进行

游戏一

游戏名称：纽扣拼贴画

物质准备：纽扣、乳胶、卡纸

创作过程：

用小剪刀剪出一个大树干。

我们用水彩笔画树干。

先来设计一下吧！

把树干再装饰漂亮一些吧！

作品展示：

树下有很多小花哟！

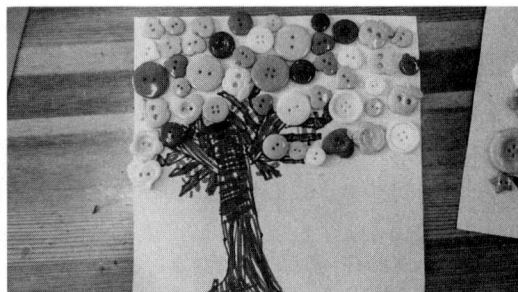

你看这棵五彩树漂亮吗？

活动反思

第一步：执教老师反思

在玩的过程中，幼儿使用了两种方法：第一种是先摆后画，幼儿很容易地拼摆出了树冠。第二种是先画出或剪出树干的形状，然后进行粘贴。

第二步：班级教师沟通

活动之前，幼儿对树木观察得不够仔细，造成幼儿的作品比较相像。

游戏二

游戏名称：纽扣饰品

物质准备：纽扣、毛线、毛根、缝衣线、鱼线、玻璃丝、纸线

创作过程：

看我穿得多认真啊！

做好了，戴上试试吧！

我戴上这个，像公主吗？

作品展示：

小花手链，漂亮吧！

小小的戒指也很漂亮吧！

活动反思

第一步：执教老师反思

在玩的过程中，幼儿先是随意地进行操作，在玩了一会儿之后，幼儿发现了有规律地使用纽扣能制作出漂亮的装饰。于是，幼儿开始自觉地利用纽扣的形状或颜色规律进行制作。

第二步：班级教师沟通

幼儿在宽松、愉快的氛围中，进行了大胆地创作，创作效果好。

游戏三

游戏名称：纽扣花

物质准备：毛根、纽扣、小筐

创作过程：

用毛根穿过扣眼。

把穿好的毛根拧一下。

作品展示：

我们的纽扣花　　　　　　　　　漂亮的纽扣花

活动反思

第一步：执教老师反思

幼儿因为之前欣赏过用纽扣制作的小花，所以对于自己动手制作纽扣花的活动很感兴趣。

第二步：班级教师沟通

在制作的过程中，幼儿发现了大纽扣和小纽扣的不同，利用这个特点制作出不同的作品，效果很好。

游戏四

游戏名称：自制盘扣

物质准备：纸黏土、盘扣、毛根

创作过程：

把纸黏土搓成长长的条。　　　　　围成小圆圈。

作品展示：

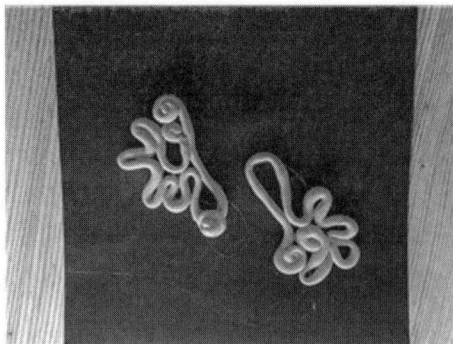

小花状的扣子　　　　　　　　　　如意盘扣

活动反思

第一步：执教老师反思

幼儿基本掌握了先揉、后搓、再盘的方法设计盘扣。在玩的过程中，幼儿利用了卷、捏、叠的方法设计盘扣。部分幼儿还使用两种颜色拧在一起后，进行操作，活动效果很好。

第二步：班级教师沟通

幼儿在制作的过程中比较有创意。由于活动前没有和幼儿一起总结盘扣的特点，所以部分作品只有图案，缺少盘扣的基本特征。

游戏五

游戏名称：纽扣添画

物质准备：纽扣、线描笔、纸、乳胶

创作过程：

设计好了，用乳胶粘起来吧！

粘好纽扣，就可以添画身体了。

作品展示：

这么多淘气的纽扣出来玩！

看看我的纽扣小人，漂亮吗？

活动反思

第一步：执教老师反思

大多数幼儿的制作方法是先将扣子粘好，再根据扣子的形状进行想象、创作。

第二步：班级教师沟通

部分幼儿的设计比较单一，缺乏想象力。

游戏六

游戏名称：我的纽扣

物质准备：各色纸黏土、彩纸、荧光笔

创作过程：

小朋友，请你做一个独特的纽扣吧！

看看像不像猪八戒的鼻子！

先搓成条，再围起来。

作品展示：

小狗纽扣安在我的衣服上吧！

小花纽扣怎么样呢？

活动反思

第一步：执教老师反思

幼儿在活动前都有自己的想法，有自己喜欢的纽扣，所以制作的过程轻松自然。幼儿设计的纽扣各不相同，各有特点。

第二步：班级教师沟通

纽扣的设计还不够细致，需要进一步引导幼儿进行细致观察。

游戏七

游戏名称：纽扣棋盘

物质准备：纽扣、画板、毛根、线描笔、纸

创作过程：

小朋友请你也用小纽扣设计个棋盘吧！

做一个兔子的小棋子。

画个海洋棋吧！

作品展示：

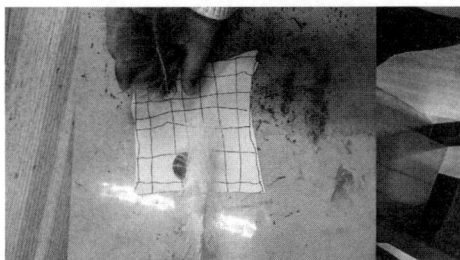

羽毛棋

自己也能下棋了。

活动反思

第一步：执教老师反思

幼儿对用纽扣进行制作活动比较熟悉，有自己的想法和认识，操作过程比较顺利。

第二步：班级教师沟通

部分幼儿对棋盘的认知有限，在制作前不知如何入手。

主题总结

1. 幼儿

通过本次纽扣主题活动的开展，幼儿尝试了多种玩纽扣的方式。同时知道不把细小的纽扣塞进鼻子里。在活动过程中，能主动与人交谈，并大胆地表达自己的想法，学会了和同伴友好相处，初步学会了轮流和分享。能够使用常见的材料丰富自己的创作活动，在作品中出现了有规律的装饰，并能体现出制作物品的主要特征。

2. 教师

利用幼儿的兴趣点，进行了设计纽扣和制作纽扣等活动，提高了教师设计活动并实施的能力。发现了幼儿在进行游戏时对纽扣的兴趣点，由现代的纽扣转移到古代的纽扣，并逐步引导幼儿发现了纽扣由装饰作用到连接作用的转变。

3. 家长

让家长意识到身边的事物能够成为幼儿学习和使用的材料，任何一件物品都有可以发掘的教育价值，提高了家长的教育意识。提升了家长对幼儿的观察能力，并根据幼儿的兴趣进行适当的家庭教育与指导。

第三章 大班主题

一、绳子的畅想

主题名称

绳子的畅想

主题由来

自由活动时，嘟嘟走到班内的美术材料区，从装绳子的盒子里抽出了一根蓝色的线绳，并将线绳绕在了自己左手的食指上。"哈哈！绳子真好玩儿，大家快来看呀！"听到嘟嘟的声音，许多小朋友跑了过来。"咱们再抽出一些绳子吧！"芊芊建议道，此时班内的小朋友都玩起了绳子。

主题前例会

第一部分：班级教师集体备课——先行玩起来

教师1：看到这根滑滑的绳子，我能想到奶油，咱们可以带着孩子做奶油蛋糕。

教师2：看到麻绳，我能想到女孩子的麻花辫，咱们可以和女孩子一起编辫子。

教师3：闻着这条绳，我能吸到香味儿，像草一样，能把绳子带到草地上玩耍。

教师1：我能想到跳绳和拔河，这个咱们在户外可以开展。

教师3：看到麻绳，我能想到稻草的颜色，可以进行编织。

教师2：看到丝带，我能想到编织，编织杯子、篮子等等。

教师1：我能想到蛇，滑滑的，长长的，咱们可以和孩子们一起制作小蛇。

第二部分：和幼儿、家长共同来讨论，编织"游宝图"（即"主题网络图"）

第一步：幼儿摆弄、操作材料

幼儿1：像小蛇。

幼儿2：像小刺猬。

幼儿3：拔河。

幼儿4：跳绳。

幼儿5：像奶油。

幼儿6：像妈妈的睡裙。

幼儿7：像发卡。

第二步：共同讨论

我们和家长共同摆弄绳子，并进行讨论。

（一）麻绳

家长1：摸着这根麻绳，我能想到女孩子的小辫子。

家长2：我能想到稻谷和烧饼，颜色很相近。

家长3：我能想到项链，还有小时候点的蚊香。

家长4：我能想到爸爸的草帽。

家长5：我能想到拔河用的那根大绳子。

家长6：我还能想到刺猬，这个麻绳有扎扎的感觉。

（二）丝带

1. 光滑的丝带：

家长1：摸着这个光滑的丝带，很舒服。我想到了奶油，还有大蛋糕。

家长2：我能想到拉花和女孩子的小辫绳。

家长3：我能想到中国结、旗袍和领带。

家长4：我能想到红酒，喝起来口感很好，润润的。

家长5：玩着玩着，我能想到艾滋病的标志和领结。

2. 粗糙的丝带：

家长1：摸着这个粗糙的丝带，我能想到补自行车的锉。

家长2：我能想到砂轮，有粗糙的感觉。

家长3：我能想到搓澡巾。

（三）塑料绳

家长1：看到这个塑料绳子，我想到了蛇，滑滑的，有点怕。

家长2：我想到了篮球筐和小时候玩儿的毽子。

家长3：我能想到蚯蚓和保鲜膜。

家长4：我能想到包装盒。

家长5：我能想到跳绳和大蒜白色的皮儿，滑滑的。

家长6：我能想到吸管，它也是塑料的，还能想到我上学时用的尺子。

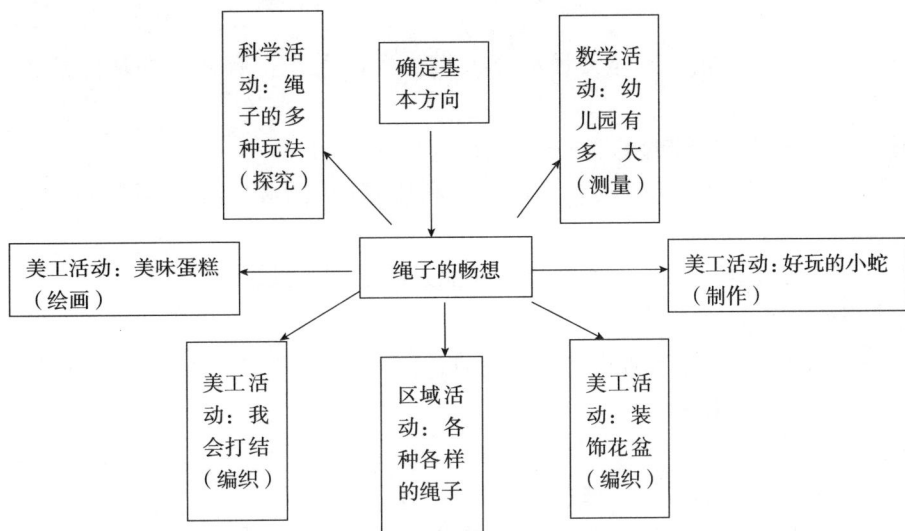

第三部分：班级教师集体备课——可利用的资源

1. 主题相关的背景知识

绳子是原始社会最初的、最简单工具，人们用草或细小的藤条绞合、搓捻成绳子，用来捆绑野兽、缚牢茅草屋、做腰带系住草裙……后来又出现了"结绳记事"，给绳子打结，用大大小小的疙瘩来记录事件，是文字产生以前，人们的记事方法。

2. 儿歌、故事、歌曲等相关资料

儿歌：

跳 大 绳

一根绳，两人摇，三个宝宝排队跳。

摇得低，像水池，摇得高，像座桥。

摇摇摇，像波涛，跳跳跳，鱼蹦高。

你跳我跳大家跳，好像鱼儿水中闹。

小 花 绳

小花绳，真好玩，我用它来翻一翻。

翻个小河细又长，翻个麻花扭一扭，

翻个乌龟爬呀爬，翻个花儿送给你。

3. 家长、社会资源

（1）鼓励家长与幼儿玩翻绳游戏。

（2）家长鼓励幼儿系鞋带。

主题目标

幼儿所能获得的

1. 体验玩绳带来的快乐。

2. 尝试用绳、毛线等进行简单地编织。

3. 用绳进行简单地测量。

4. 积极参加体育活动，培养自主、合作、不怕困难的良好品质。

5. 愿意当众表达，表达时自然、从容、自信。

6. 能够创造性地进行身体活动，根据活动场地和运动器材的特点，恰当地选择运动方式，主动探索多种玩法。

7. 能够关注周围的环境状况，体会环境与人类生存的关系，有初步的环保意识和节约资源的意识。

8. 能够用多种方法对感兴趣的事物进行记录。

9. 能够感受各种美术材料和工具的特性，尝试利用它们的形状与质地等特点大胆设计和制作有趣的作品。

10. 愿意和同伴一起交流、分享，欣赏自己和他人的创作成果。

教师所能获得的

1. 捕捉幼儿的兴趣点，设计出幼儿喜爱的活动。

2. 体验到幼儿游戏中的乐趣。

家长所能获得的

1. 加强合作意识，了解主题内容及其重要性。

2. 随时发现身边可以利用的资源，鼓励幼儿探索身边事物的多种玩法。

3. 引导幼儿发现生活中的美。

主题进行

游戏一

游戏名称：绳子的多种玩法
物质准备：各种颜色的绳子
创作过程：

长长的绳子变一变。

我们一起来玩绳子。

作品展示：

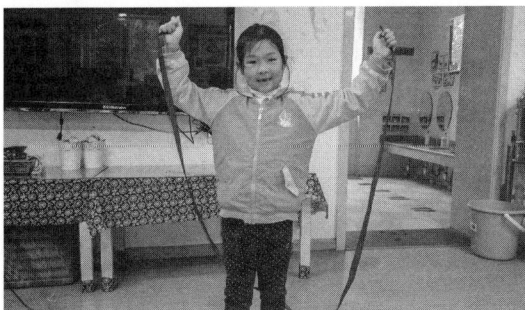

我可以用绳子跳绳。

看，咱们的星星出来了。

活动反思

第一步：执教老师反思

幼儿在摆弄绳子的时候都有着自己的想法：牛牛说绳子像小蛇，芊芊说绳子像小刺猬，同同说想到奶油……教师要肯定每一个孩子，认真地倾听每一个孩子的想法，尽量拓展幼儿思维。

第二步：班级教师沟通

1. 在绳子的提供上可以更丰富一些，比如：不同种类、颜色、质地的绳子。

2. 鼓励幼儿用绳子开展丰富多彩的活动，如：绳子像蛇，可以开展制作小蛇的活动。

游戏二

游戏名称：好玩的小蛇
物质准备：锡箔纸、纸黏土、毛根

创作过程：

我们要一起做一条长长的蛇。

团团、捏捏、揉揉，小蛇做成了。

作品展示：

我们一起做的原始森林里的长蛇。

我的小蛇盘在石头上。

活动反思

第一步：执教老师反思

幼儿在制作的时候很投入，有自己的想法，有初步的合作意识。制作后能够用自己的小蛇做游戏，并且愿意与其他小朋友分享、交流自己制作的快乐。

第二步：班级教师沟通

1. 可以播放一些小蛇的图片，拓宽幼儿的经验。

2. 在指导的时候，多关注能力较弱的幼儿，及时地给予指导。

3. 展开联想，开展与蛋糕相关的活动。

游戏三

游戏名称：美味大蛋糕

物质准备：幼儿收集的各种纸盒、绳子、彩色丝带

创作过程：

我们站在椅子上摆大蛋糕。

我刷，我刷，我刷、刷、刷。

用彩色丝带装饰蛋糕。

作品展示：

我们的生日蛋糕做好啦！

蓝莓蛋糕香喷喷。

活动反思

第一步：执教老师反思

幼儿在活动中能够发挥自己的想象，在探索中合作摆蛋糕。有的幼儿想做高高的大蛋糕，于是自己想办法，搬来小椅子，站在椅子上将盒子摆得高高的。还有的幼儿想出用彩色丝带装饰摆好的蛋糕，制作各种漂亮的蛋糕。

第二步：班级教师沟通

1. 幼儿在活动中很有自己的想法，很有创意。

2. 多收集一些大小、材质不同的盒子和各种颜色的丝带。

游戏四

游戏名称：我会打结啦

物质准备：各种颜色的棉绳

创作过程：

把棉绳盘一个圆圈。

再把线绳的一头从圆圈里穿过来，拉紧，
一个结就打好啦！

作品展示：

我们比一比谁打的结多。

我们用打好结的绳装饰作品栏。

活动反思

第一步：执教老师反思

幼儿对给绳打结的活动非常感兴趣。在棉线的选择上粗、细要适宜，所以教师要在活动前试一下。活动中主要教会幼儿要领，幼儿再自主尝试。

第二步：班级教师沟通

1. 幼儿可以自己裁剪绳子的长短。

2. 可以在活动区投放绳子，供幼儿练习。

3. 鼓励幼儿用更多的绳子编网，可在户外开展游戏。

游戏五

游戏名称：我们编织的大网

物质准备：幼儿打好结的绳子

创作过程：

我们一起把绳子拴在树上。

抻一抻，拉一拉，绳子变直了。

作品展示：

爬过网子我们就赢啦！

快来钻一钻，真好玩啊！

活动反思

第一步：执教老师反思

活动过程中，教师能够给幼儿充分的探索空间，等待幼儿自主探索，促进幼儿动手能力的发展，最终引导幼儿发现将绳子抻直了再系扣的架网方法。

第二步：班级教师沟通

引导幼儿使用绳子布置环境，如用打结、编织绳子装饰班内环境。

游戏六

游戏名称：漂亮的花盆
物质准备：各种颜色的棉绳
创作过程：

我用棉线做成小蜗牛。

绳子变成蜗牛、蝴蝶结，真漂亮！

作品展示：

这是我装饰的花盆。

麻绳花盆上的各种装饰。

活动反思

第一步：执教老师反思

让幼儿自己用剪刀剪出所需长短的线绳，给幼儿充分的探索空间。幼儿随意摆放绳子想象各种造型，教师不要干涉幼儿的思维，幼儿的创造能力也很丰富。

第二步：班级教师沟通

1. 可以引导个别动手能力不强的幼儿与他人合作。

2. 利用绳子做测量的工作，开展相应的活动。

游戏七

游戏名称：幼儿园的操场有多大
物质准备：各种各样的绳子
创作过程：

我们在商量怎么系绳子。

我是小钉子，把绳子
"钉"在操场上。

作品展示：

沿着绳子走一走。

我们的操场真的很长啊！

想一想你还可以用什么方式测量？

活动反思

第一步：执教老师反思

活动前和幼儿充分地讨论了要怎么测量我们的操场，所以在测量的时候，幼儿都选择了自己感兴趣的分工，比如当小钉子的、系扣的、拉绳的、拍照的，合作得很愉快！

第二步：班级教师沟通

延伸活动可以测量幼儿感兴趣的物品。

主题总结

1. 幼儿

本月我们根据幼儿的兴趣开展了"绳子的畅想"主题活动，主要以联想方式来推进的，所以已经开展了"有趣的小蛇""美味蛋糕""幼儿园的操场有多大""编织钻爬网""我会用绳子装饰花盆"等活动，尝试用绳、毛线等进行简单的编织，用绳进行简单的测量，体验玩绳带来的快乐。幼儿愿意当众表达，表达时自然、从容、自信。幼儿对这个主题抱有很高的热情，这个主题是比较成功的。

2. 教师

确定主题阶段，通过捕捉幼儿的兴趣点，关注幼儿，再设计活动满足了幼儿的需求。一步一步地开展主题活动过程中，幼儿给予我们很多惊喜：可口的蛋糕、多彩的打结活动、精美的装饰活动等等，无一不在感染着我们，他们每一个精彩的瞬间都是我们幸福工作的源泉，感谢幼儿给予我们的一切！

3. 家长

我们确定了主题后，与家长一起参与了游宝图的绘制活动，就像孩子们一样玩这些绳子，通过各种感官去探索绳子的秘密。家长们的思路很开阔，从大到小，由浅入深，这可能就是"联想"的魅力，对于主题的开展会有莫大的帮助。同时这个主题带领幼儿搜集绳子、与孩子们共同打结，家长们对于我们的活动很认可。

二、我和雾霾玩游戏

主题名称

我和雾霾玩游戏

主题由来

随着秋季的到来，雾霾也随之而至，已经影响到了我们的日常生活。孩子们不能够正常地参与户外活动了，常常走到老师身边问："老师，今天能户外活动吗？"看着他们那么稚朴的眼神，我们只能摇摇头。孩子们会轻轻地抱怨："我不喜欢雾霾。"反观这一现象，对于雾霾，我们应该用什么样的心态去对待呢？是否应该从两方面去看待雾霾呢？所以我们初步确定本月的主题活动为"雾霾"，以"联想"式为主，落脚点为"游戏"，鼓励孩子们大胆地展开联想，因此和幼儿一起设计了这个"好玩的雾霾"主题游戏。

主题前例会

第一部分：班级教师集体备课——先行玩起来

教师1：想到垃圾。

教师2：想到汽车尾气。

教师3：脏脏的河流。

教师1：灰灰的纸。

教师2：我压抑，头疼，可以闻到不好的气味。

教师3：心情特别不好。

教师1：我想到戴口罩。

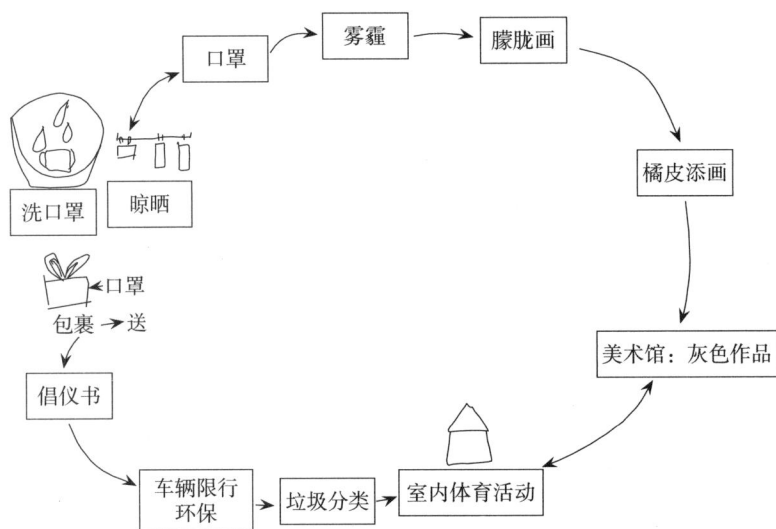

第二部分：和幼儿、家长共同来讨论，编织"游宝图"（即"主题网络图"）

第一步：幼儿摆弄、操作材料

第二步：共同讨论

雾霾的不足：

幼儿1：雾霾不能外出，飞机不能起降。

幼儿2：不能旅行。

幼儿3：环境污染。

幼儿4：对肺不好。

幼儿5：不戴口罩会咳嗽。

幼儿想要探究的问题：

雾霾的优点：

幼儿1：喜欢雾霾的气味。

幼儿2：躲在雾霾的后面，像没有了一样。

幼儿3：像火车的烟囱。

幼儿的联想：

雾霾像什么：

幼儿1：天上的云。

幼儿2：天空。

幼儿3：汽车的尾气。

幼儿4：房子的灰烟。

幼儿5：火箭喷射了，冒烟。

幼儿6：着火的烟。

幼儿7：很白、很白，像雪。

幼儿想知道的：

幼儿1：雾霾从哪里来？

幼儿2：为什么雾霾让人中毒？

幼儿3：为什么戴口罩可以阻止雾霾？

幼儿4：为什么雾霾让人看不清远处？

幼儿5：为什么风能将雾霾吹走？

幼儿6：为什么雾霾来了，不能户外活动？

幼儿7：为什么雾霾的颜色是灰色和白色？

幼儿8：为什么雾霾的味道不好闻？

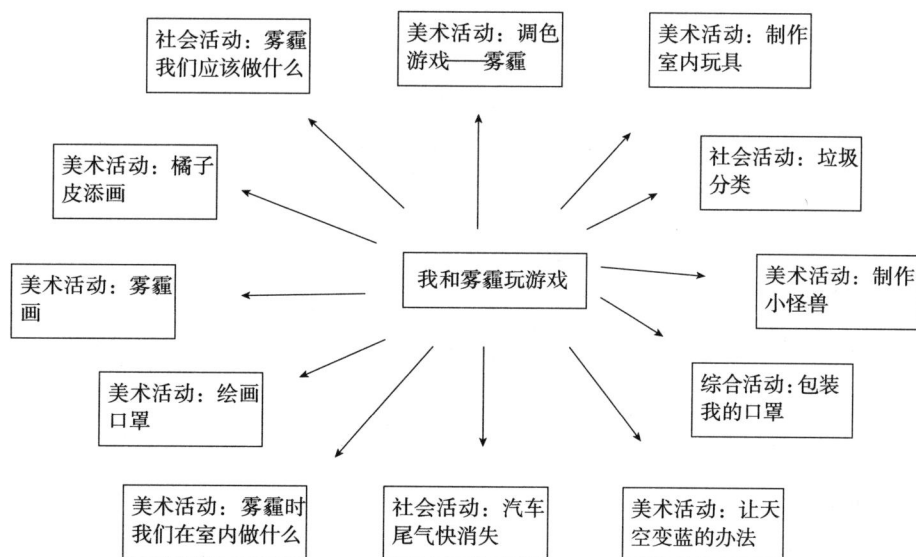

第三部分：班级教师集体备课——可利用的资源

1. 主题相关的背景知识

（1）雾霾是雾和霾的混合物。早晚湿度大时，雾的成分多；白天湿度小时，霾的成分多。其中雾是自然天气现象，空气中水汽较大，虽然以灰尘作为凝结核，但总体无毒无害；霾的核心物质是悬浮在空气中的烟、灰尘等物质，颜色发黄，颗粒物能直接进入并粘附在人体下呼吸道和肺叶中，对人体健康有害。雾霾天气的形成主要是人为的环境污染，再加上气温低、风小等自然条件，导致污染物不易扩散。

（2）雾霾天气形成原因主要有以下几点：一是这些地区近地面空气相对湿度比较大，地面灰尘大，地面的人和车流使灰尘搅动起来；二是没有明显的冷空气活动，风力较小，大气层比较稳定，由于空气的不流动，使空气中的微小颗粒聚集，悬浮在空气中；三是天空晴朗少云，有利于夜间的辐射降温，使得近地面原本湿度比较高的空气饱和，凝结形成雾；四是汽车尾气是主要的污染物排放，近年来城市的汽车越来越多，排放的汽车尾气是雾霾形成的一个因素；五是工厂制造出的二次污染；六是冬季取暖排放的 CO_2 等污染物。

（3）冬雾有"冬季杀手"之称，加上工业废气、汽车尾气、空气中的灰尘、空气中的细菌和病毒等污染物，附着于这些水滴上，人们在日常生活和出行中，这些物质会对人体的呼吸道产生影响，可能会引起急性上呼吸道感染（感冒）、急性气管、支气管炎及肺炎、哮喘发作，诱发或加重慢性支气管炎等。特别是小孩呼吸道鼻、气管、支气管黏膜柔嫩，且肺泡数量较少，弹力纤维发育较差，间质发育旺盛，更易受到呼吸道病毒的感染。人长时间处于霾的天气中，可引起气管炎、喉炎、肺炎、哮喘、鼻炎、眼结膜炎及过敏性疾病的发生，对幼儿、青少年的生长发育和体质均有一定的影响。

2. 儿歌、故事、歌曲等相关资料

儿歌：

雾霾天气真糟糕

大公鸡，喔喔叫，
小动物们醒得早。
举行动物运动会，
安排龟兔来赛跑，
小鸟树上喳喳叫，
雾霾天气来预报。
今天空气质量差，
龟兔赛跑要取消。
哎呀呀，哎呀呀，
雾霾天气真糟糕！
哎呀呀，哎呀呀，
动物比赛全取消！
请你雾霾赶快跑，
请你雾霾快快消！

3. 家长、社会资源

（1）假期带幼儿参观美术馆，欣赏灰色的艺术品。

（2）搜集关于雾霾的信息。

（3）一起保护环境，少开车，多绿色出行。

主题目标

幼儿所能获得的

1. 能够感受到秋天的季节特征。

2. 能够关注周围的环境状况，体会环境与人类生存的关系，初步树立环保意识和节约资源的意识。

3. 愿意和同伴一起交流、分享，欣赏自己和他人的创作成果。

4. 积极参加体育活动，养成自主、合作、不怕困难的品质。

5. 愿意当众表达，表达时自然、从容、自信。

6. 能够创造性地进行身体活动，根据活动场地和运动器材的特点，恰当地选择运动方式，主动探索多种玩法。

7. 能够用多种方法对感兴趣的事物进行记录。

8. 能够感受各种美术材料和工具的特性，尝试利用它们的形状与质地等特点，大胆修改、添加、组合，设计和制作有趣的作品。

教师所能获得的

1. 捕捉孩子的兴趣点，结合雾霾和幼儿一起探索、设计有关雾霾的活动。

2. 体验到幼儿雾霾游戏中的乐趣。

家长所能获得的

1. 随时发现身边可以利用的资源，提高家长教育意识、环保意识。

2. 发现雾霾能够给我们带来创作美，以及怎样使我们的世界变得更美好。

主题进行

游戏一

游戏名称：雾霾天，我们应该做什么

物质准备：彩纸、粗细签字笔

创作过程：

我们一起画个吸雾霾的仪器。

我告诉爸爸、妈妈骑电动车出行。

作品展示：

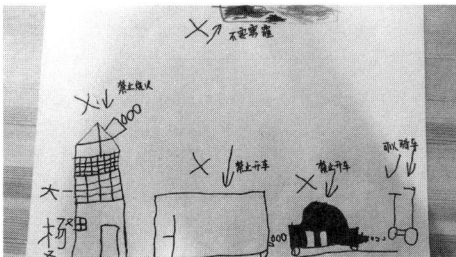

这些都是能够产生雾霾的，全部禁止。

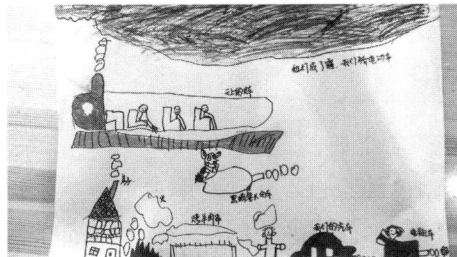

我们绿色出行，雾霾就能减少。

活动反思

第一步：执教老师反思

在玩的过程中，能够看到幼儿运用美术的方式表达了自己看到的雾霾，自己想怎样做才能够减少雾霾。可以看出每个幼儿都有自己对雾霾的想法。

第二步：班级教师沟通

通过今天的活动，感受到了幼儿在绘画关于雾霾内容时的认真、专注。大多表现雾霾的负面，在今后的活动中，可以调动一下幼儿发现雾霾一些好玩的事情，比如：雾霾的颜色、雾霾时可以在室内玩游戏等。

游戏二

游戏名称：调色游戏——雾霾

物质准备：各种颜色的丙烯颜料（打上孔，插一支笔）、纸质调色盘、毛笔

创作过程：

孩子们边唱着《小小粉刷匠》的歌曲、边调色。

看看小朋友们调雾霾颜色的时候，多认真啊！

作品展示：

看，小朋友用自己猜想的颜色调出了雾霾灰灰的颜色。

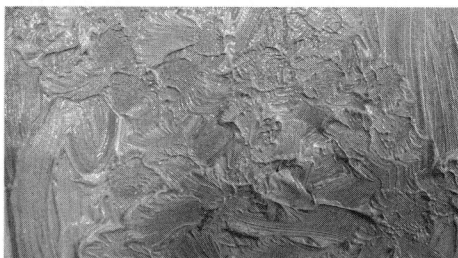

看，雾霾的颜色有时深，有时浅。

活动反思

第一步：执教老师反思

幼儿有过调色的经验，在选择颜色的时候，能够有自己倾向的颜色，通过颜色配比的多少进行调和。幼儿运笔的笔触都有所不同，每个幼儿都能够很好地调出自己认为的雾霾颜色。

第二步：班级教师沟通

通过这两次的活动，幼儿对雾霾很感兴趣，不但能调出雾霾的颜色，还能够改变自己不喜欢雾霾的一些观点，为后面的活动奠定了基础。

游戏三

游戏名称：制作室内玩具
物质准备：报纸、胶布、长条积木、双面胶、绳子、不织布、剪刀、线描笔
创作过程：

我们用报纸团球制作哑铃。

我们用绳子将积木缠得很美丽！

作品展示：

我们的小哑铃

贴鼻子游戏——小女孩

活动反思

第一步：执教老师反思

幼儿在制作自制玩具的时候，能够使用剪刀、双面胶和绳子等工具材料。创作中非常有自己的想法。制作结束后，能够将创作的玩具与他人分享。

第二步：班级教师沟通

幼儿乐于动脑，创作的时候能够将自己的原有经验运用其中。从幼儿积极参与可以看出，他们对此次活动很感兴趣。

游戏四

游戏名称：橘子皮添画
物质准备：橘子皮、彩纸、线描笔、画板
创作过程：

摆一摆、拼一拼。

我们一起画小河流和小动物。

作品展示：

我和长颈鹿做游戏。

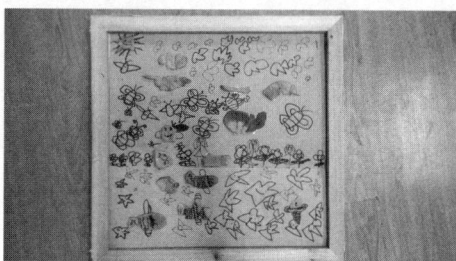

小河边真开心！

活动反思

第一步：执教老师反思

幼儿在创作的时候，能够根据橘子皮的外形进行想象。在创作的过程中，有的幼儿选择与同伴合作完成，有的幼儿选择独立完成。

第二步：班级教师沟通

在活动中出现怎样才能将橘子皮固定在纸上的问题，有的幼儿选择了双面胶，有的幼儿向教师寻求了帮助，选择使用胶枪。可见，在提供工具的时候，教师应该给幼儿更多的选择机会。

游戏五

游戏名称：垃圾分类

物质准备：打印好的垃圾桶、各种垃圾图片、彩纸、水彩笔、剪刀、胶棒

创作过程：

看看我们一起来分工，有剪的，有粘的。
还有一起商量分类的。

快来看看，这个应该是什么垃圾？

作品展示：

这是我们一起粘贴的
可回收垃圾。

看看，这是其他垃圾。

这是我们找到的厨余垃圾。

这些垃圾都是有危害的。

活动反思

第一步：执教老师反思

　　部分幼儿不能够正确分类垃圾，在小组成员的帮助下，每组都能够顺利地完成任务，并在游戏中获得垃圾分类的知识，增强了环保意识。有的幼儿还能够用画笔将自己见过的垃圾画出来，进行了补充分类。

第二步：班级教师沟通

这样的活动也可以放在日常生活中进行，比如：班级提供几个不同的垃圾桶，幼儿在投放垃圾时自然将垃圾进行分类，让教育内容在生活中运用。

游戏六

游戏名称：雾霾画

物质准备：白色塑料袋、白色和灰色的油画棒、水粉笔、灰色和白色的喷壶、白色和黑色的颜料

创作过程：

分小组制作颜料调色画。

幼儿开始创作喷画。

作品展示：

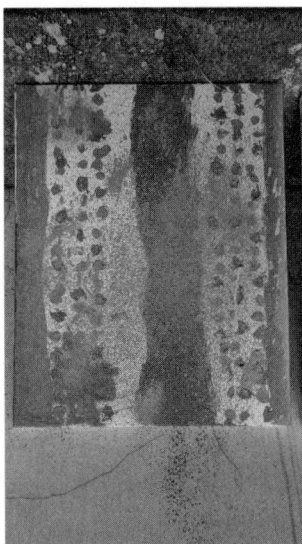

雨天的雾霾

我创作的雾霾画。

活动反思

第一步：执教老师反思

幼儿在创作的时候，能够根据自己的需要，调配出相应颜色的颜料水。在使用工具的时候，兴趣点很高，能够用喷壶结合颜料水，创作自己独立的作品。

第二步：班级教师沟通

可以将材料投放在区域中，方便幼儿继续创作。

游戏七

游戏名称：制作小怪兽

物质准备：锡箔纸、酸奶盒、绳子、彩色纸、毛根、剪刀、纸黏土
创作过程：

认真地捏小怪兽的犄角。

我们一起卷怪兽。

作品展示：

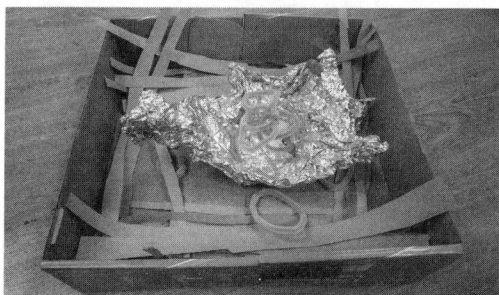

美丽的怪兽在孵蛋。

小怪兽在窝里睡觉呢！

活动反思

第一步：执教老师反思

锡箔纸的可塑性很强，便于幼儿创作不同的造型。幼儿接触后，能够抓住事物的主要特征，用锡箔纸表现出来。

第二步：班级教师沟通

在材料的连接上，教师可以准备多种连接方式，供幼儿自由选择、探索。

游戏八

游戏名称：绘画口罩
物质准备：口罩、地垫、工字钉、纸巾、画布颜料
创作过程：

认真地绘画口罩。

看看，我正在画小女孩跳舞呢！

作品展示：

美丽的世界

小青蛙和他的好朋友

大火箭

小兔子的一家

活动反思

第一步：执教老师反思

幼儿用不同的色块或者图案装饰出漂亮的色块口罩。在创作的时候，他们的兴趣高涨。创作后，兴奋地将自己装饰的口罩送给了自己爱的人。

第二步：班级教师沟通

有些幼儿能够选择对比或相近色的色块进行活动，个别幼儿对颜色把握不好。在创作的时候，鼓励幼儿运用颜色创作富有个性的作品。

游戏九

游戏名称：包装我的口罩

物质准备：纸盒子、包装纸、丝带、剪刀、包装纸、胶条器、胶棒

创作过程：

包一包，按一按。

我来打结。

作品展示：

糖果形状的包装盒

活动反思

第一步：执教老师反思

幼儿在创作的时候，能够通过自己的操作，选择出形状、颜色、面积适宜的包装纸，根据盒子的形状探索出新的美观造型。在包装的时候，部分幼儿需要教师进行协助指导，多数幼儿能够将自己的包装盒打出漂亮的蝴蝶结。

第二步：班级教师沟通

在活动中能力较强的幼儿能够通过自己的操作进行独立包装，但个别幼儿需要教师协助。在打结的环节，可以投放一些手头玩具，方便幼儿在过渡环节进行练习。

游戏十

游戏名称：汽车尾气快消失

物质准备：大张的黄色卡纸、线描笔、彩纸、胶棒、剪刀

创作过程：

幼儿在彩纸上绘画自己想出的好办法。

画完的小朋友将好办法剪下来，
贴在大海报上。

作品展示：

孩子们想出的好办法画作欣赏。

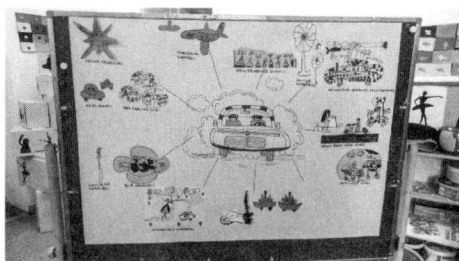

"汽车尾气快消失"的大海报。

活动反思

第一步：执教老师反思

幼儿在创作的时候，能够用线描笔画出自己让汽车尾气消失的方法，如让大风吹走尾气、少开车、绿色出行、发明空气净化器等。

第二步：班级教师沟通

为幼儿提供更多保护环境的机会，促进他们做一个合格的公民。

游戏十一

游戏名称：让天空变蓝的办法

物质准备：水彩笔、彩色纸、纸黏土

创作过程：

用纸黏土制作出自己的好办法。

用水彩笔画出自己的好办法。

作品展示：

水彩笔作品

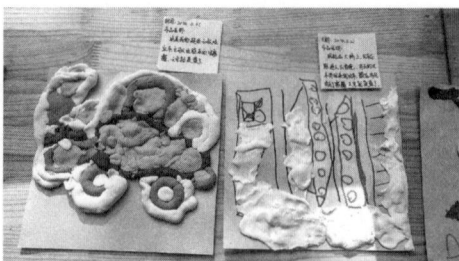

纸黏土作品

活动反思

第一步：执教老师反思

每个幼儿心中都有一个让天空变蓝的愿望，在活动中他们选择了自己喜欢的方式进行创作，每幅作品的画面都很丰富、完整。

第二步：班级教师沟通

鼓励幼儿在生活中按照自己的愿望去做，用自己的力量保护地球环境。

游戏十二

游戏名称：雾霾时，我在室内做什么

物质准备：白色 A4 纸、水彩笔

创作过程：

孩子们选择自己喜欢的颜色进行创作。

认真地做自己的计划。

作品展示：

我可以在雾霾天做八件事情。

画画、跳格子、抢椅子游戏、木头人。

活动反思

第一步：执教老师反思

这个活动的内容非常贴近孩子的生活。在谈论构思的时候，有的是幼儿自己创编的游戏，也有的是自己曾经玩过的。通过举手表决，最后选出的游戏材料，是幼儿自己创作出来的，在玩的时候能够更有成就感。

第二步：班级教师沟通

在室内可以玩的游戏很多，幼儿随时可以在区域里制作自己雾霾天在班里能玩的游戏材料。

主题总结

1. 幼儿

在活动中，幼儿们的兴趣很浓厚，通过自己搜集关于雾霾的知识，介绍给身边的人，到彩绘口罩并包装送给自己爱的人，最后通过自己的力量减少环境污染。他们充分地发挥了自己的想象力，创作有关雾霾的作品，并且拓宽了幼儿的思维，改变了幼儿对雾霾的不好认识，转化了消极的情绪，培养了幼儿的自信心、乐观精神，以及动手创作的能力。

2. 教师

从活动的由来、设计到实施都是教师通过细致地观察班级中幼儿的兴趣点，和幼儿讨论后确定的。教师在活动中能够充分调动幼儿的兴趣，发挥每位幼儿的主体性，充分引导、发散幼儿的思维，相信每一个孩子、支持每一个孩子。

3. 家长

通过这个活动，家长们的热情度和参与度都很高，雾霾影响到了自己和幼儿的生活，对于生活的态度是非常重要的，地球家园需要彼此的保护。家长直言不讳地将自己的联想与大家分享，并配合各项主题活动的开展，使此次活动顺利地开展。

三、好玩的石头

主题名称

好玩的石头

主题由来

我们发现幼儿非常喜欢美术材料区的小石子，他们喜欢在活动区时拿起小石子摆一摆、拼一拼；喜欢在小石子上画画；喜欢观察自然角的小石子，也有的小朋友会拿着小石子问我们："老师，为什么这个石子是光滑的，那个却不光滑呢？"据此，我们初步确定本月的主题活动为"好玩的石头"。

主题前例会

第一部分：班级教师集体备课——先行玩起来

教师1：石头可以拼在一起，形成一幅画。

教师2：石头像小鸡、像太阳，可以进行石头的添画活动。

教师3：看到石头，我想起《乌鸦喝水》的故事。

教师4：石头可以搭建东西，比如房子。

教师5：一些大的石头也可以用来作画。

教师6：石头有不同的类型和纹路，可以让孩子们欣赏。

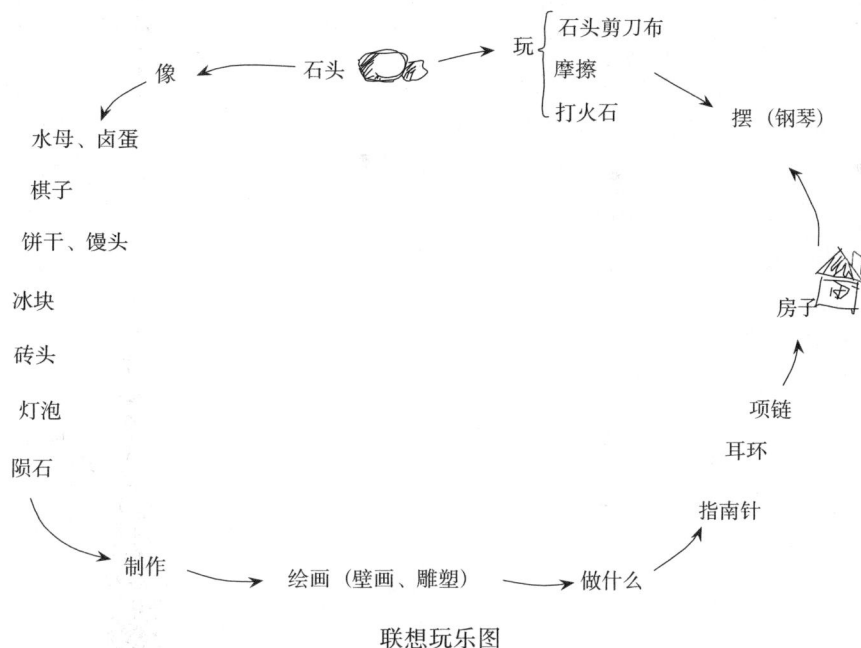

联想玩乐图

第二部分：和幼儿、家长共同来讨论，编织"游宝图"（即"主题网络图"）

第一步：幼儿摆弄、操作材料

幼儿能够联想到的事物：水母、卤蛋、棋子、馒头、饼干、巧克力、牙齿、化石、豆子、橘子籽、草莓、冰块、砖头、海螺、蜗牛、灯泡、哑铃、陨石、沙滩、湖、瀑布、假山、冰淇淋、石猴子、乌鸦喝水、花纹、螃蟹的家。

第二步：共同讨论

在微信群中，教师与家长共同讨论。

教师1：提到石头，我能联想到雕塑。

教师2：我想到了砚台，很漂亮。

教师3：我想到沙滩，很舒服。

教师2：我想到河流和瀑布。

教师1：我想到小辫子和头绳。

教师3：我能想到水母，滑滑的。

教师 1：我觉得这个石头像巧克力。

家长 1：海螺和风扇。

家长 2：《西游记》，孙悟空就是石头变的。

家长 3：指南针和项链。

家长 4：我想到了哑铃，是不是很好玩儿?

教师 1：我想到了冰块和化石。

家长 5：我想到了恐龙化石，这个石头也像牙齿。

家长 6：我想到了馒头、棋子、饼干。

家长 7：我想到了卤蛋，这个颜色很像。

教师 3：我能想到花纹、衣服和刺猬。

教师 2：我能想到螃蟹的家，都是石头。

家长 8：我想到了电线杆和壁画。

家长 9：我想到了地球仪和原始人使用的工具。

家长 10：我想到了小鸭子，小鸭子吃石子助消化。

家长 11：我还能想到小时候听过的《阿里巴巴和四十大盗》的故事呢，里面的石门很神奇。

家长 12：我也想到了小时候《乌鸦喝水》的故事，乌鸦就是用小石子喝到水的，石子也挺棒的。

共同讨论确定基本方向：

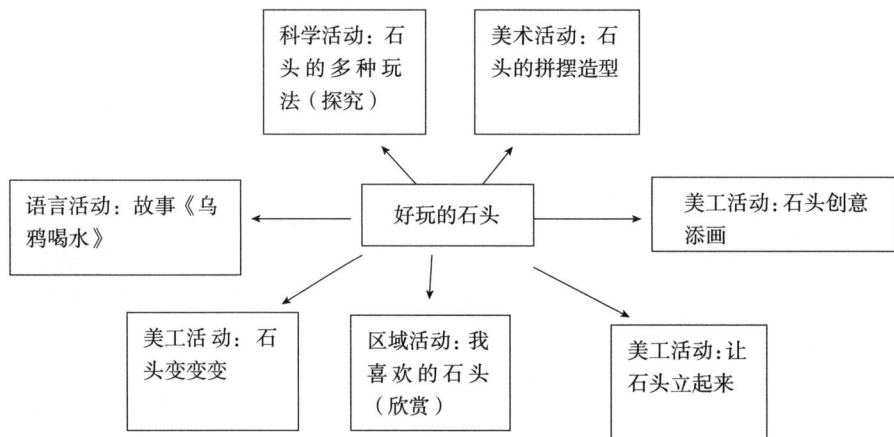

第三部分：班级教师集体备课——可利用的资源

1. 主题相关的背景知识

（1）石头的概念：一般指由大岩体遇外力而脱落下来的小型岩体，多依附于大岩体表面。呈块状或椭圆形，外表有的粗糙、有的光滑，质地坚硬，可用来制造石器、采集石矿。

（2）石头的用途：

石头最常见的用途就是建房和铺路，还有很多用石头做的附属物，如石阶、石桌、石凳、石槽、石磨、石臼、石斧等。除此以外，还有一些观赏性的石头，比如公园或庭院里的假山、房间里的收藏石，还有一些雕塑等。还有一些石头被建成了纪念碑和墓碑，它们有着一定的象征性，承担着实用价值之外的精神之用。

2. 石头创意制作、故事等的相关资料

（1）鹅卵石石头彩绘 DIT 图片欣赏：

http：//www.rouding.com/shouhui/72588.html

（2）非常清新的石头画—卵石画图片：

http：//www.rouding.com/shouhui/75359.html

（3）简单可爱的手绘石头画DIY图解：

http：//www.rouding.com/shouhui/93812.html

（4）与石头相关的故事：

《乌鸦喝水》和《阿里巴巴与四十大盗》。

3. 家长、社会资源

（1）鼓励家长和幼儿玩与石头相关的游戏。

（2）家长鼓励幼儿发现不同的新玩法，收集不同的石头。

主题目标

幼儿所能获得的

1. 体验玩石头的乐趣。

2. 能够感受各种美术材料和工具的特性，尝试利用它们的形状与质地等特点，大胆修改、添加、组合，设计和制作有趣的物体。

3. 愿意和同伴一起交流、分享，欣赏自己和他人的创作成果。

4. 能够关注周围的环境状况，体会环境与人类生存的关系，有初步的环保意识和节约资源的意识。

5. 能够用多种方法对感兴趣的事物进行记录。

6. 愿意当众表达，表达时自然、从容、自信。

7. 积极参加体育活动，养成自主、合作、不怕困难的品质。

8. 能够创造性地进行身体活动，根据活动场地和运动器材的特点，恰当地选择运动方式，主动探索多种玩法。

教师所能获得的

1. 捕捉幼儿的兴趣点，设计出幼儿喜爱的活动。

2. 体验到幼儿游戏中的乐趣。

家长所能获得的

1. 加强合作意识，了解主题内容及其重要性。

2. 随时发现身边可以利用的资源，鼓励幼儿探索身边事物的多种玩法。

3. 引导幼儿发现身边的美。

主题进行

游戏一

游戏名称：寻找石头地图

物质准备：油画棒、水彩笔、胶棒、A4纸

创作过程：

你在哪里发现了石头？记录下来吧！

绘画出找到石头的地方。

在地图上添画汽车和小朋友。

作品展示：

我从家里找到了石头。

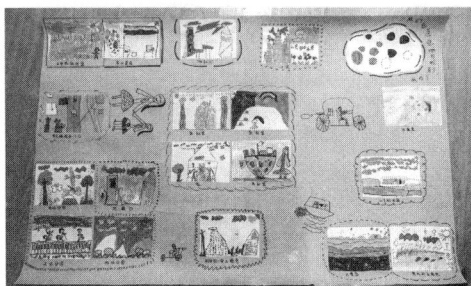

寻找石头的地图。

活动反思

第一步：执教老师反思

幼儿和爸爸、妈妈一起收集了各种各样的石头，并将自己搜集石头的地点绘制出来，制作出属于我们的独一无二的"寻宝图"。我们从中感受到幼儿那颗通过自己努力收获幸福的喜悦之心，也能感受到浓浓的亲子之情。

第二步：班级教师沟通

进一步收集各种各样的石头，鼓励幼儿自由地与石头进行游戏。

游戏二

游戏名称：我和石头做游戏

物质准备：乳胶、双面胶、胶条、剪刀、石头

创作过程：

进行石头拼摆。

尝试粘贴石头，进行造型。

作品展示：

用石头拼出的小朋友。

新式建筑大楼

活动反思

第一步：执教老师反思

幼儿用自己的双手拼摆出了各式各样富有个性的作品，教师被这些独具匠心的作品而感动。在游戏的过程中，幼儿还能够根据自己的需要，选择班内的美工材料，更能体现活动的自由与自主。

第二步：班级教师沟通

为幼儿提供更有新意的石头，为进一步地创作提供了丰富的感知经验。

游戏三

游戏名称： 欣赏各种石头

物质准备： 幼儿找到的各种石头及幼儿收集来的各种图片

创作过程：

欣赏我们收集来的图片。

我看到的石头被阳光照的地方颜色深。

作品展示：

幼儿用身体摆出美丽的石林造型。

我们用放大镜看到的石头不一样。

活动反思

第一步：执教老师反思

幼儿在欣赏各种奇石的过程中，能够发现其中的美，并能阐述自己喜欢的理由。值得一提的是幼儿能够大胆地用自己的身体堆砌心中奇石的样子，其中有合作，有分享。幼儿还能够使用放大镜，大胆地观察班内的奇石，那种专注的精神令人称赞。

第二步：班级教师沟通

在欣赏奇石的基础上，提供更为丰富的美工材料，鼓励幼儿创作各种奇石作品。

游戏四

游戏名称：石头立起来

物质准备：幼儿搜集的石头、纸黏土、签字笔、剪刀、彩纸

创作过程：

我和伙伴一起让石头立起来了。

我们装饰小池塘。

作品展示：

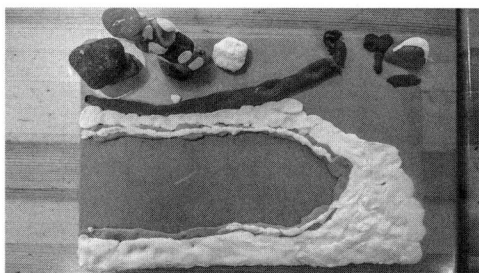

快乐的小公园

小池塘

活动反思

第一步：执教老师反思

在本次活动中，幼儿通过多种材料如纸黏土、酸奶盒、小盘子等辅助材料与石头进行游戏，创作出了小动物园、小花园、游乐场等，一个个作品活灵活现。在创作的同时，幼儿能够积极地与他人合作，合理地分工进行创作，这对于发展幼儿的社会性有很大的帮助。

第二步：班级教师沟通

进一步鼓励幼儿与石头进行游戏，为小石头进行大变身。

游戏五

游戏名称：我给石头变身

物质准备：毛根、纸黏土、各种形状的石头

创作过程：

我们认真地把石头变成飞机！

我们用毛根认真地制作！

作品展示：

小孔雀

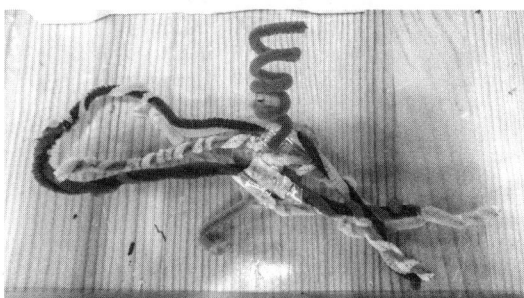

小飞机

活动反思

第一步：执教老师反思

毛根和纸黏土变成了石头的好伙伴，幼儿通过自己的双手创作出美丽的孔雀、小小的许愿星、小船等。在幼儿的精心创作下，表现出了事物的基本特征。

第二步：班级教师沟通

鼓励幼儿多多观察，以便更好地表现事物的特征，为接下来的创作做好准备。

游戏六

游戏名称：创意石头画

物质准备：红卡纸、小石头、线描笔、大小不同的石头、丙烯颜料

创作过程：

拼摆风景画，并用丙烯颜料上色。

在瓦片上绘画作品。

作品展示：

石头拼摆作品

石头添画作品

瓦片绘画作品

活动反思

第一步：执教老师反思

幼儿在创作过程中，享受着石头与材料带来的快乐，时而笑声爽朗，时而窃窃私语，有合作，有分工，专注地创作着各种作品。作品富有童趣，活泼可爱。

第二步：班级教师沟通

提供体积更大的石头，鼓励幼儿在大石头上进行创作，以发展幼儿的创作能力。

游戏七

游戏名称：石头变形记

物质准备：丙烯颜料、水粉笔、大石头

创作过程：

你会在石头上画什么呢？

我们在给石头变颜色。

我要把石头变成小姑娘。

作品展示：

美丽的小女孩

帅气的石头汽车

活动反思

第一步：执教老师反思

活动中的大石头形状各异，在幼儿灵巧双手地努力下，大石头变身成可爱的小猫、淘气的小狗、活灵活现的脸……成为幼儿笔下的美丽作品。

第二步：班级教师沟通

鼓励幼儿将作品带回家，与家人分享自己的快乐。

游戏八

游戏名称：美丽的冰灯

物质准备：彩线、彩纸、剪刀

创作过程：

将剪好的灯芯放进瓶子里。

猜一猜，什么样的温度能结冰？

作品展示：

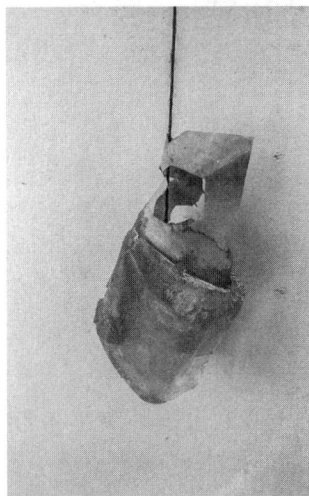
蓝色的窗花冰灯

幼儿展示自己的冰灯作品。

活动反思

第一步：执教老师反思

冬天给人以寒冷的感觉，但是寒冷中也孕育着温情。今天教师和幼儿一起制作了美丽的冰灯，在晶莹剔透的冰灯下，藏着教师与幼儿间美好的师幼之情，这也成为寒冷冬天的美好景色。

第二步：班级教师沟通

增进与幼儿的沟通，建立良好的师幼之情。

主题总结

1. 幼儿

幼儿在开展主题活动中，能够积极地和家人一起收集大自然的宝贝——石头，并带来石头和大家一起分享。在和石头的各种游戏过程中，能够大胆地与石头互动，采用多种辅助材料如纸黏土、酸奶盒、毛根等材料创作出了富有个性的作品。同时在创作过程中，能积极与同伴进行合作，并分享创作的心得，这为幼儿更好地发展提供了一个宽广的平台，从而发展了幼儿的多种能力。

2. 教师

教师能够敏锐地捕捉到幼儿的兴趣点，为幼儿提供了丰富的材料、支持以及宽松的表达平台。在整个石头主题活动中，教师在观察幼儿的基础上，能够由浅入深地设计每次活动，这为教师的专业发展有了很大的帮助。

3. 家长

在主题活动中，家长能够积极地参与主题活动中，和幼儿一起搜集材料。在主题探讨过程中，家长们积极出谋划策，宛如回到童年一般和幼儿一起游戏，那种幸福令人羡慕。同时在整个主题活动过程中，家长们一如既往地对班级工作提供了很多帮助与支持，可见对于教师所倡导的理念也是非常支持的。

四、有趣的瓶盖

主题名称

有趣的瓶盖

主题由来

新学期第一天，芃芃拿着一个小袋子，蹦蹦跳跳地来到班里，快速和老师打完招呼，迫不及待地打开袋子给老师看："老师，老师，您快看！这是我带的瓶盖，好多好多，都是我跟弟弟收集来的。"芃芃的声音吸引来其他的小朋友，"我看看"，"给我看看"，大家争先恐后地探头看芃芃手里的东西，芃芃扬起小下巴说道："好看吧！都是我跟弟弟找到的，这个是我妈妈给我们的，这个是姥姥给的。"

小朋友们点头表示赞同，随后几个小朋友一起在桌子上拼摆起来。

主题前例会

第一部分：班级教师集体备课——先行玩起来

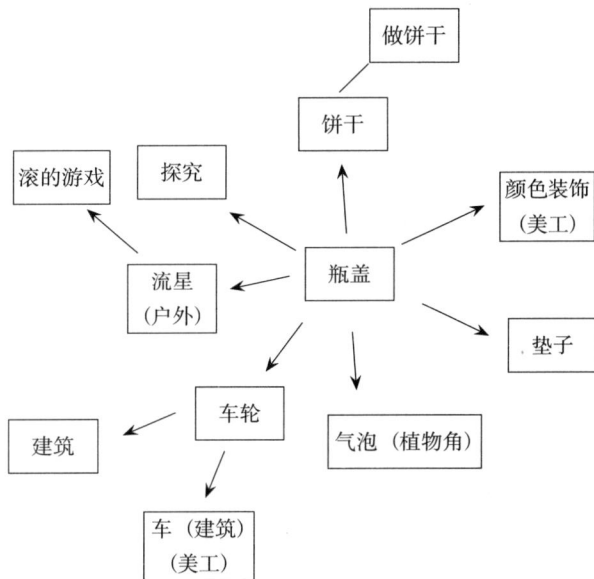

```
                        做饼干
                          ↑
                        饼干
  滚的游戏    探究                   颜色装饰
                                     （美工）
        流星        瓶盖
        （户外）                  垫子

                              气泡（植物角）
  建筑    车轮

              车（建筑）
              （美工）
```

教师 1：看到瓶盖，我想到了饼干，咱们可以带着孩子做饼干。

教师 2：瓶盖有不同大小、不同颜色，咱们可以跟孩子一起做装饰物。

教师 3：瓶盖拼在一起可以做杯子垫，孩子可以用瓶盖装饰班级环境。

教师 1：我能想到气泡，可以和孩子一起创设"海底世界"环境。

教师 3：看到瓶盖能想到车轮，也可以制作汽车。

教师 2：小瓶盖加一条丝带像流星，咱们可以到户外做游戏。

教师 1：还可以用瓶盖做建筑物，在建筑区尝试一下。

第二部分：和幼儿、家长共同来讨论，编织"游宝图"（即"主题网络图"）

第一步：幼儿摆弄、操作材料

幼儿能够联想到的事物：人的脸、饼干、蛋糕、鼓、月亮、车轮、皮筋、皇冠、帽子、温度计、小鱼的身体、皮球、西瓜、纽扣、轮胎、花心、眼睛、石头、熊的耳朵、音响、方向盘、地球、被子、壶底、闹钟、太阳、饼干盒、杯子、花盆、饮水桶、碗。

第二步：共同讨论

在微信群中，教师与家长展开讨论。

教师：各位家长您好，非常感谢参与班内的主题建构活动，想必您在和宝贝们共同寻找材料的过程中，也体会到了亲子游戏的快乐吧！那么今天我们就像孩子们一样，通过各种感官去探索瓶盖的秘密吧！提到瓶盖您能想到什么，这对于主题活动的开展会有莫大的帮助。

家长 1：我能联想到皮球、西瓜和纽扣，都是很可爱的东西。

家长 2：我还能联想到饼干和蛋糕，滑滑的感觉。

家长 3：我觉得有的鼓也像瓶盖做的，鼓的表面像是盖在上面似的。

家长 4：我能想到小时候玩的跳皮筋，好像也能把瓶盖加进去。

家长 5：我能想到月亮和车轮，都是圆圆的。

家长 6：提到瓶盖，我还能联想到皇冠、帽子和温度计，都是圆圆的。

家长7：我想到了壶底和饼干盒。

家长2：我能联想到小鱼的身体，上面的鱼鳞是一片一片的，像是瓶盖一样呢！

家长3：我想到了花心、眼睛、石头和熊的耳朵。

家长4：我想到了音响、方向盘。

家长1：其实地球也是圆圆的，在大班可以渗透这样的内容，孩子们很喜欢探索地球的秘密。

家长2：杯子和花盆。

家长3：饮水桶和碗，都能让我想到。

共同讨论，确定基本方向。

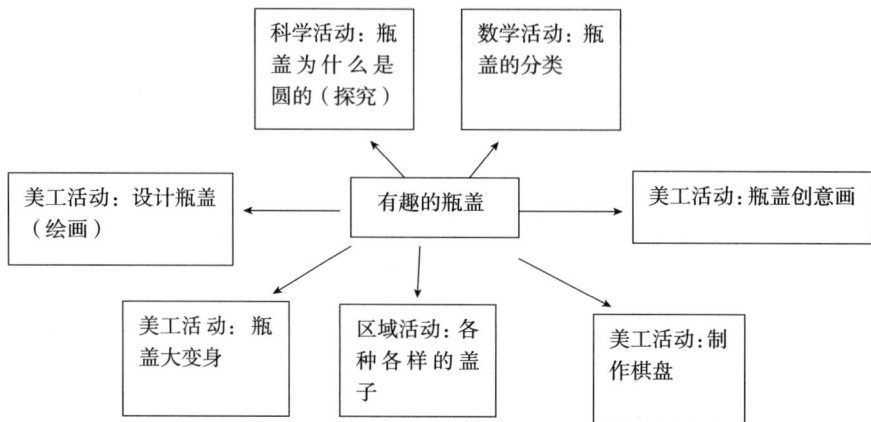

```
                  ┌─────────┐   ┌─────────┐
                  │科学活动：瓶│   │数学活动：瓶│
                  │盖为什么是│   │盖的分类  │
                  │圆的（探究）│   │         │
                  └─────────┘   └─────────┘
                       ↖          ↗
   ┌─────────┐                              ┌─────────┐
   │美工活动：设计瓶│  ←─  ┌─────────┐  ─→   │美工活动：瓶盖创│
   │盖       │        │有趣的瓶盖│         │意画     │
   │（绘画）  │        └─────────┘         └─────────┘
   └─────────┘         ↙    ↓    ↘
        ┌─────────┐  ┌─────────┐  ┌─────────┐
        │美工活动：瓶│  │区域活动：各│  │美工活动：制│
        │盖大变身  │  │种各样的盖│  │作棋盘    │
        │         │  │子       │  │         │
        └─────────┘  └─────────┘  └─────────┘
```

第三部分：班级教师集体备课——可利用的资源

1. 主题相关的背景知识

瓶盖的概念：是密封瓶子用的，根据不同的功用，有不同的形状。不同的瓶盖打开的方法也不同，如矿泉水瓶盖是圆形的，是拧开的，易拉罐瓶盖是环状用拉的，肉罐头瓶盖没有固定形状，撕成什么样就是什么样，针剂瓶的盖是玻璃一体的，要用砂轮在周边打磨一圈，然后弹开的；啤酒瓶的盖要用起瓶器撬开。瓶盖的设计千奇百怪，设计者们绞尽脑汁使它更创新、更吸引人。

2. 瓶盖创意制作的相关资料

（1）艺术大师："宝"瓶盖也疯狂

http：//mt. sohu. com/20150304/n409340352. shtml（可以通过欣赏图片，拓宽幼儿的创意思路）。

（2）可口可乐16种瓶盖新玩法

http：//www. guokr. com/post/597723/（可以帮助幼儿了解瓶盖的新用途，知道瓶盖不仅仅用于"盖"物品）。

（3）废物利用：小小瓶盖的华丽变身

http：//www. v2gg. com/nanren/nanrenfuli/20140222/99248. html。

3. 家长、社会资源

（1）鼓励家长与幼儿玩瓶盖游戏。

（2）家长鼓励幼儿发现瓶盖不同的新玩法。

主题目标

幼儿所能获得的

1. 体验玩瓶盖带来的快乐。

2. 能够感受各种美术材料（包括专门材料、自然物、废旧材料）和工具的特性，尝试利用它们的形状与质地等特点，大胆修改、添加、组合，设计和制作有趣的物体。

3. 学会主动观察、探索瓶盖的特征及特性，并从中体会到愉快。

4. 能够尝试运用绘画装饰、立体造型等形式，表达创作内容。

5. 愿意和同伴一起交流、分享，欣赏自己和他人的创作成果。

6. 愿意当众表达，表达时自然、从容、自信。

7. 能够关注周围的环境状况，体会环境与人类生存的关系，树立初步的环保意识和节约资源的意识。

8. 能够用多种方法对感兴趣的事物进行记录。

9. 能够创造性地进行身体活动，根据活动场地和运动器材的特点，恰当地选择运动方式，主动探索多种玩法。

10. 积极参加体育活动，培养自主、合作、不怕困难的精神。

教师所能获得的

1. 捕捉幼儿的兴趣点，设计出幼儿喜爱的活动。

2. 体验到幼儿游戏中的乐趣。

家长所能获得的

1. 加强合作意识，了解主题内容，及其重要性。

2. 随时发现身边可以利用的资源，鼓励幼儿探索身边事物的多种玩法。

3. 引导幼儿发现身边事物的美。

主题进行

游戏一

游戏名称：瓶盖地图

物质准备：不同的瓶盖、油画棒、水彩笔、胶棒、纸

创作过程：

我在画找到瓶盖的地方。

我要把瓶盖贴上去。

作品展示：

这是我爸爸带我去爱琴海，里面有一个水池子，我是在水里找到的瓶盖。

这是爸爸喝完酒的酒瓶盖子，还有我平时玩的盖子。

活动反思

第一步：执教老师反思

幼儿在活动中，能够较为清楚地记录瓶盖的收集过程和地点，并在记录后进行分类、粘贴，形成最终的"瓶盖寻宝图"。在这一过程中，幼儿分享了收集瓶盖的方法和乐趣，同时也明确了瓶盖有不同的形状特征及功能。

第二步：班级教师沟通

本次活动完成了"瓶盖寻宝图"的绘画制作，幼儿能够积极主动地收集瓶盖，并与同伴分享。他们喜欢用瓶盖拼拼摆摆，接下来的活动可以围绕这个切入点，鼓励幼儿和瓶盖做游戏。

游戏二

游戏名称：我和瓶盖做游戏

物质准备：不同的瓶盖

创作过程：

我的瓶盖可以当眼镜。

我们一起摆一摆。

作品展示：

小台灯

大蛋糕

活动反思

第一步：执教老师反思

幼儿在自由状态下拼摆自己收集的瓶盖，能够根据联想拼出喜欢的物品。可以为幼儿提供更多的瓶盖，例如大小、形状不同的瓶盖，为幼儿进一步创作提供机会，鼓励幼儿尽情地创作。

第二步：班级教师沟通

幼儿在活动中展现出对瓶盖的兴趣，能够发挥自己的想象，拼摆出心中的作品。幼儿在游戏中惊叹瓶盖的美丽，可以在下次活动中鼓励幼儿对瓶盖进行设计和绘画。

游戏三

游戏名称：我设计的瓶盖

物质准备：各种各样的瓶盖、卡纸、水彩笔

创作过程：

一起来设计你喜欢的瓶盖吧！

幼儿在认真地创作自己的作品。

幼儿在认真地设计自己的瓶盖。

作品展示：

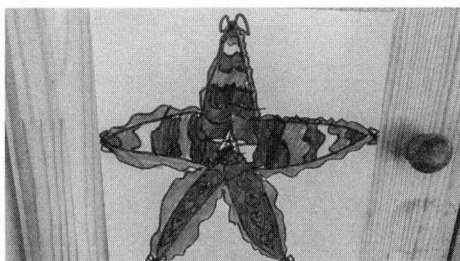
五角星形的瓶盖

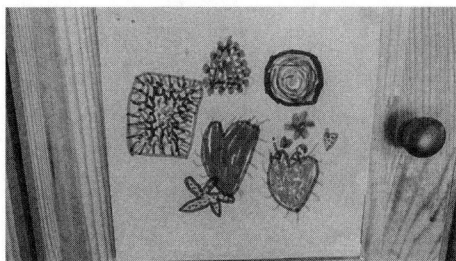
各种形状的瓶盖

活动反思

第一步：执教老师反思

幼儿的思维非常发散，能够借助已有的生活经验设计不同样式的瓶盖，有些瓶盖甚至是生活之中见不到的奇特样子，但在幼儿眼中它们充满着童真与童趣。教师应当鼓励幼儿大胆创作，肯定他们的想法和设计。

第二步：班级教师沟通

班中幼儿设计了许多奇特样式的瓶盖，富有创意。可以在这一基础上，为幼儿添加更多的辅助材料，让他们有更多创作的机会。

游戏四

游戏名称：瓶盖大变身

物质准备：纸黏土、签字笔、剪刀、彩纸、酸奶盒、双面胶

创作过程：

幼儿用毛根和彩纸进行造型创作。

幼儿借助纸黏土进行变形创作。

作品展示：

用瓶盖制作的生日蛋糕。

卫生间创意用品。

活动反思

第一步：执教老师反思

幼儿在活动中能够利用辅助材料进行作品的创作，将瓶盖变身为不同的物品，如小花篮、盥洗室、蛋糕等。

第二步：班级教师沟通

在本次活动中，幼儿已经能够很好地添加辅材了，幼儿有进一步精细装饰的欲望，在下次活动中可以进一步开展。

游戏五

游戏名称：瓶盖创意添画
物质准备：卡纸、线描笔、海绵胶
创作过程：

用瓶盖当做桌椅，制作家人聚餐场景。

用瓶盖制作百货商场。

作品展示：

家庭聚餐开始了！

百货商场

活动反思

第一步：执教老师反思

幼儿在活动中十分专注，无论是分组还是自己创作，都能够认真完成。脱离以往二维的添画模式，幼儿开始尝试三维的创作，能够有效地利用瓶盖，适宜地添加到材料当中。

第二步：班级教师沟通

幼儿很喜欢本次活动，他们更为关注不同类型和不同形状的盖子，而非不同颜色的，因此可以鼓励幼儿继续收集自己喜欢的瓶盖，拿到班中一起创作新奇的作品。

游戏六

游戏名称：制作大棋盘

物质准备：彩色卡纸、纸粘土、不同的瓶盖

创作过程：

制作动物棋。

制作象棋。

作品展示：

自制中国象棋

可爱的动物棋

自创的蝎子棋

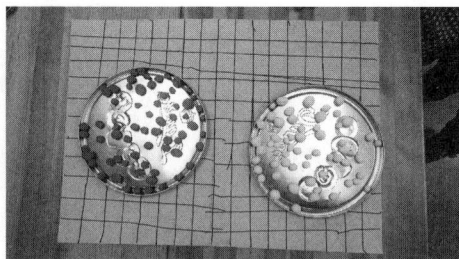

五子棋

活动反思

第一步：执教老师反思

幼儿利用收集来的瓶盖制作自己设计的棋盘和棋子，此外还添加了纸黏土作为辅助材料。幼儿分组后开始进行制作活动，共同商量将要制作的棋盘类型，如中国象棋、动物棋等。

第二步：班级教师沟通

幼儿已经在室内尝试了不同形式的制作活动、联想活动，较大程度地满足了幼儿创作的欲望。今后的活动可以向户外延伸，鼓励幼儿根据自己的联想内容开展游戏，例如飞盘、钟表等。

游戏七

游戏名称：小飞盘

物质准备：剪刀、花边剪刀、双面胶、纸盘子、皱纹纸、不同的瓶盖

创作过程：

分组开始制作。

利用各种美工材料创作可以
在户外玩的飞盘。

作品展示：

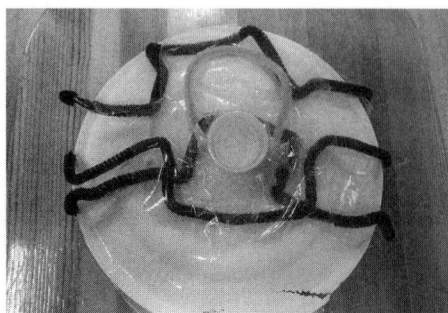

蜘蛛飞盘

美味冰淇淋飞盘

活动反思

第一步：执教老师反思

幼儿在制作飞盘的过程中情绪高涨，他们利用废旧的纸盘添加了瓶盖、皱纹纸和其他辅助材料进行装饰，这是他们从圆形瓶盖联想出来的物品。制作结束后，幼儿还和教师一起到户外尝试玩一玩，与自己制作的玩具很好地互动，大家都很开心。

第二步：班级教师沟通

活动较为成功，幼儿很喜欢玩自己制作的飞盘，联想式活动很适合幼儿。在今后的活动中，我们可以继续尝试这种形式。

游戏八

游戏名称：钟表大制作
物质准备：纸盘子、水彩笔
创作过程：

幼儿设计自己的钟表样式。

幼儿专注地创作各种各样的钟表。

作品展示：

小美女钟表

小兔子钟表

活动反思

第一步：执教老师反思

幼儿在制作钟表的过程中，能够自主选择需要的材料，能够为纸盘扎洞，用毛根代替钟表的指针，使指针能够转动起来。幼儿还根据自己的喜好，设计了不同的钟表表盘，创作过程中非常享受。

第二步：班级教师沟通

活动进行得非常顺利，幼儿创意无限，设计出了许多的钟表样式。在今后的延伸活动中，教师可以利用幼儿制作的钟表和幼儿做游戏，也可以跟幼儿一起开展更多的联想式活动。

游戏九

游戏名称：贝壳变变变

物质准备：贝壳、酒精胶

创作过程：

幼儿先将贝壳摆一摆。

再添画出不同的场景。

作品展示：

贝壳小姐

路边的小花

活动反思

第一步：执教老师反思

幼儿先用贝壳材料进行拼摆、粘贴，随后在画纸上添画自己想象出来的内容，在活动中非常开心。他们能够根据贝壳的形状和组合的样式，想象、添画出不同的作品内容，既操作了材料，也丰富了自己的想象力。活动结束时，都希望自己的作品能够展览在班中。

第二步：班级教师沟通

活动进行得非常愉快和顺利，幼儿能够较好地发挥自己的想象力，并且能够很好地投入于材料的拼摆和添画活动中。在今后的活动中，可以为幼儿提供更加丰富的材料，为幼儿进一步创作提供机会。

主题总结

1. 幼儿

幼儿进行主题活动的过程中，能够积极收集生活当中的废旧瓶盖。在收集的过程中，也知道废物利用的好处。幼儿将收集来的瓶盖带到班中共享，带动了更多幼儿学习去与同伴分享的美德。在制作的游戏活动中，幼儿感知了瓶盖的外形特征、材料特性，尝试使用多种辅助材料进行粘贴、衔接，在创作中开动脑筋，发挥自我想象力，积极与同伴互动分享。幼儿在活动中运用了绘画装饰、立体造型等多种方法，让自己的作品更加美观和丰富，从瓶盖的主题活动中获得了快乐。

2. 教师

教师通过关注幼儿平时的活动和游戏兴趣点，捕捉到主题的切入点，帮助幼儿确定游戏材料。在活动开始时，请幼儿和家长展开实际操作和讨论活动，多方位调动感官去感知瓶盖材料，逐层设计出主题的相关活动。随后，组织幼儿开展多种有趣的创作活动，接纳幼儿的独特想法。在活动中给予幼儿相应的支持和鼓励，在活动后及时反思。通过活动提升了教师观察幼儿的能力和以幼儿为本的理念。

3. 家长

在主题活动中，家长能够在了解幼儿关注点的情况下，积极主动地参与讨论及收集材料的活动中来。在活动中体验和感受幼儿园的育儿理念，参与幼儿丰富的活动，促进了家园合作和共育的有效开展，为幼儿提供了更多的发展空间。

五、各种各样的瓶子

主题名称

各种各样的瓶子

主题由来

因为刚刚升入大班，班里有许多存留下的瓶子，只见绵绵拿着个瓶子，翻过来、调过去地看，还和一旁的东东聊着："你看我的瓶子，像不像火箭？"东东看了一眼说："你这个火箭太小了，我在电视上看到的火箭可大呢！""那我们把两个瓶子摞起来不就行了。"两个小朋友兴高采烈地玩起来。周围参与的小朋友越来越多。

瓶子是我们生活中随处可见的一种物品，幼儿在日常生活中无意间将瓶子当成了玩具，符合了他们爱游戏的天性。所以近期，我们将瓶子作为主题和幼儿活动的主线，创建积极有效的师幼互动，给幼儿美的感受，并关注幼儿的兴趣点和需要，给以适时地引导，挖掘瓶子对幼儿的教育价值。让幼儿用眼睛看、用耳朵听、用嘴表达、用手操作，在玩中学、在快乐中学。调动他们的好奇心和求知欲，让他们在积极地探索瓶子、发现瓶子及创作的过程中，展开想象，体验成功的喜悦。

主题前例会

第一部分：班级教师集体备课——先行玩起来

教师1：

1. 将瓶子摆放成保龄球状，用纸团进行投掷，打中的越多即为胜利。

2. 将气球套在塑料瓶口，玩瓶子吹气球的游戏。

教师2：

1. 在瓶子中装入不同量的水，用筷子敲着玩。

2. 将收集来的瓶子进行分类游戏。

教师3：

1. 用毛线缠绕瓶子，制作成花瓶。

2. 把瓶子制作成花盆，放在自然角。

第二部分：和幼儿、家长共同来讨论，编织"游宝图"（即"主题网络图"）
幼儿摆弄、操作材料

我来摆摆看，瓶子能变成什么。

把珠子放进瓶子里，摇一摇，听一听，
是什么声音。

第三部分：班级教师集体备课——可利用的资源

1. 主题相关的背景知识

百度百科：瓶子

2. 儿歌、故事、歌曲等相关资料

儿歌：

汽 水 瓶

小瓶子，戴帽子，

帽子一脱掉，

身体摇一摇。

肚子"哔哔啵啵"冒泡泡，

好像一串小鞭炮！

3. 家长、社会资源

（1）收集各种各样的瓶子，供幼儿观察、探究，发现瓶子的特性和用途。

（2）运用瓶子的特性，玩各种有关瓶子的游戏。

主题目标

幼儿所能获得的

1. 增强相关的环保知识，有废物利用的意识。

2. 能够利用瓶子进行游戏，满足多种游戏的欲望。

3. 体验创作带来的无穷乐趣。

4. 幼儿尝试动手用画、包、扎、剪、贴等技能，学习装饰瓶子的多种方法。

5. 通过操作、讨论等活动，让幼儿感知各种各样的瓶子及其功用。

教师所能获得的

1. 在主题活动中不断学习，转变教育观念。

2. 通过创设适宜的环境，引导幼儿主动参与活动的能力。

3. 在活动进行中，学会倾听、等待、反思。

家长所能获得的

1. 体验与幼儿共同游戏的快乐。

2. 增强了相关的环保意识。

主题进行

游戏一

游戏名称：瓶子怎么玩

物质准备：各种各样的瓶子

创作过程：

幼儿尝试安装火箭。

幼儿尝试制作梅花桩。

作品展示：

瞧！我做的三个公主在唱歌。

我做的小企鹅，像不像？

活动反思

第一步：执教老师反思

幼儿在和材料的游戏中，尝试出了很多有趣的玩法。每当他们有更好的创意时，都会吸引别的小朋友围观。他们自由想象、发挥，使作品得到了意想不到的效果。

第二步：班级教师沟通

教师1：本次活动进行得很顺利。幼儿对玩瓶子有着极大的兴趣，通过他们在活动过程中的表现可以看出来。但是他们制作的作品都是以前曾经做过的，我们下次活动要丰富相关的游戏经验。

教师2：在本次活动中，因为有的幼儿首先搭建了火箭，引起了大部分幼儿争相模仿。可以在下次的游戏中，就让他们利用瓶子制作火箭，满足游戏的欲望。

教师3：也可以鼓励幼儿共同制作，体验合作的乐趣。

游戏二

游戏名称：神奇的火箭

物质准备：幼儿在上次材料游戏中积攒的瓶子

创作过程：

我要做个连排的小火箭。

看，我们的火箭多高呀！

作品展示：

我的火箭做好啦！

高高的火箭要发射啦！

活动反思

第一步：执教老师反思

在观察了解了教师提供的火箭资料后，幼儿都大体知道了火箭的构造，能够根据火箭的特点选择相应的材料进行游戏，兴趣较为浓厚。

第二步：班级教师沟通

教师1：大多数幼儿制作的火箭在外形上差不多，没有发挥出他们的创造性。

教师2：在本次活动中，有的幼儿提出疑问："为什么火箭没有颜色？能不能给它们涂上漂亮的颜色？"

教师3：在游戏中，也发现了幼儿有给火箭涂色的愿望。

游戏三

游戏名称：漂亮的火箭

物质准备：上次活动中制作好的火箭

创作过程：

我给火箭涂上漂亮的颜色。

我这个要涂成黄色的。

作品展示：

我的火箭一定能完成任务！

中国的火箭最霸气了！

活动反思

第一步：执教老师反思

幼儿的兴趣更为浓厚了，对自己的作品非常满意，很兴奋地和小伙伴们讲述自己的作品，包括制作过程中的方法，他们的游戏兴趣达到了高潮，得到了满足。

第二步：班级教师沟通

教师1：在火箭制作成功后，幼儿有了飞行的愿望，都拿着自己的作品模仿在天空中飞行，嘴里还模仿着火箭发射的声音。

教师2：在观察过程中，发现同伴间有拿着火箭在班里跑比赛速度的现象，幼儿有了新的游戏形式。

教师3：发现有两名幼儿在教室里将自己的火箭向前扔出去，经询问，他们是想比赛谁的火箭飞得快、飞得远。能不能在下一次的游戏中，满足幼儿这一游戏需要？

游戏四

游戏名称：火箭飞起来

物质准备：幼儿收集的瓶子、各种各样的丝带

创作过程：

我要做个飞得最高的火箭！

我们是火箭制作小组！

作品展示：

我的火箭要飞上天喽！

我的火箭飞得最高！

游戏五

游戏名称：搭建大超市

物质准备：多种多样的积木、瓶子

创作过程：

搭建真快乐！

我们是忙碌的建筑师。

作品展示：

我们成功喽！

多威风的大超市！

活动反思

第一步：执教老师反思

在引导幼儿由瓶子联想到什么的时候，由于幼儿具备丰富的生活经验，很快说出很多地点，例如超市、商场、废品站。他们参与活动非常积极，获得了很好的情绪体验。

第二步：班级教师沟通

教师1：在搭建过程中，幼儿能够根据讨论的结果进行搭建。

教师2：在搭建结束后，参观的幼儿提出："这些建筑物里面缺少一些植物，没有绿色，显得孤零零的。"听了幼儿的建议，部分幼儿自发地运用各种瓶子和彩纸，开始制作树木。

教师3：在制作树木的过程中，提示幼儿运用剪花纹的方法，这样能使作品更加丰富。

游戏六

游戏名称：好玩的乐器

物质准备：各种种子和瓶子

创作过程：

我做的乐器，要能发出不同的声音！　　　　我做的小乐器一定很好听！

作品展示：

我们的乐器做好喽！

活动反思：

第一步：执教老师反思

因为刚开始的导入，幼儿一下子就对乐器产生了兴趣，有着强烈的制作愿望，对活动一直很专注。

第二步：班级教师沟通

教师1：幼儿愿意尝试用各种豆子制作发声响瓶，进行声音辨别。

教师2：幼儿制作完成后，可以将此材料投放到活动区当中。

教师3：我也发现幼儿对此活动很感兴趣，做完后还能够给瓶子进行装饰，特别棒！

主题总结

1. 幼儿

幼儿通过这个主题活动在想象力和创造力方面得到了一定的提高。在动手制作方面，能够根据火箭的主要特征大胆表现，还能够将自己的游戏需要向教师提出来。在游戏的过程中，能够体现合作的游戏精神。

2. 教师

教师能够尊重幼儿的想法，根据幼儿的想法和兴趣开展丰富多彩的主题活动，在活动中的观察能力也得到了一定的提高。还能够在活动中，根据幼儿的游戏需要，随时调整活动内容及目标，满足幼儿的发展需要。

3. 家长

家长在教育理念方面有了一定的提高，不再以成人的想法左右幼儿的想法。对于幼儿的兴趣和活动也能给予一定的支持，能够根据孩子的游戏需要，亲身加入到游戏中去。

六、秋天的农作物

主题名称

秋天的农作物

主题由来

一次吃午点时，轩轩拿着一颗煮花生米说："我前几天还和妈妈、爸爸一起去地里拔花生了呢！"洋洋问："花生是长在树上吗？"雯雯听了，呵呵一笑说："花生才不是长在树上呢，是在地下面，用手一拔就能拔出来。"旁边的小朋友越聚越多，孩子们似乎越聊越高兴。这时，琪琪好奇地问："那除了花生是长在地下，还有什么长在地下呢？"听了他的问题，孩子们有的说："还有白薯。"有的说："还有土豆。"还有的说："因为秋天到了，好多农作物都能从地下拔出来。"听着孩子们从一颗小小的花生发现了季节的特点，不由得感叹幼儿的世界是那样的丰富。

秋天丰富而多彩，是个丰收的季节，是个充满喜悦的季节，是个处处蕴涵着教育契机的季节。随着天气的变化，逐渐进入了秋季。品种多样的农作物开始出现在我们的周围，而这些变化非常易于引起孩子们的兴趣。根据幼儿兴趣与实际发展需要，结合季节特征，我们开展了"秋天的农作物"这个主题教育活动。

主题前例会

第一部分：班级教师集体备课——先行玩起来

教师1：

1. 白薯可以制作印章，带着孩子玩印章画。

2. 高粱、黄豆之类的农作物可以制作粘贴画。

3. 玉米皮看起来很像女孩子的裙子，也能进行手工制作。

教师2：

1. 像土豆、花生一类的农作物，可以玩添画。

2. 棉花让人感觉暖暖的，也可以进行添画游戏。

3. 玉米芯、玉米粒都能进行手工制作和粘贴活动。

教师3：

1. 花生壳很像小船或者女孩子头上的发卡，可以进行手工制作。

2. 像土豆、白薯之类的，也可以进行手工制作。

第二部分：和幼儿、家长共同来讨论，编织"游宝图"（即"主题网络图"）

幼儿摆弄、操作材料

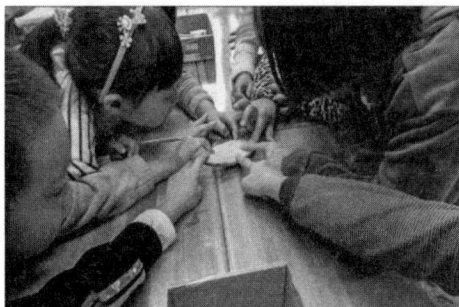

快看，白薯切开还有白汁呢！

我试试玉米皮能不能做成小裙子？

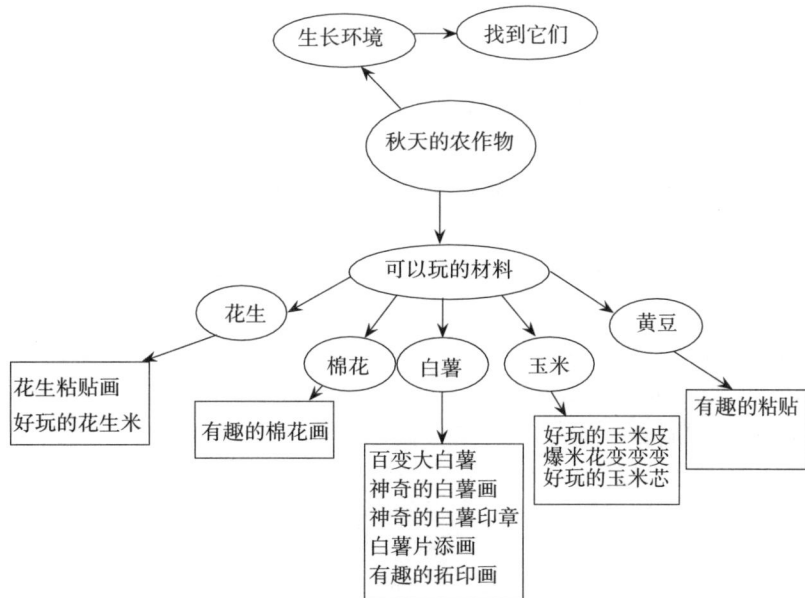

第三部分：班级教师集体备课——可利用的资源

1. 主题相关的背景知识

粮食作物以水稻、豆类、薯类、蚕豆、小麦为主要作物。经济作物以油籽、蔓青、大芥、胡麻、大麻、向日葵等为主。蔬菜作物主要有白菜、芹菜、韭菜、蒜、葱、胡萝卜、黄瓜、西红柿等；果类有梨、苹果、桃、杏、核桃、李子、草莓等品种。野生果类有酸梨、野杏、毛桃等。饲料作物有如玉米、绿肥、紫云英等。嗜好作物有烟草、咖啡等。药用作物有人参、当归、金银花等。

http：//zhidao.baidu.com/link? url＝d8zRGs4aePxHl4X－oMUEDvs－uM9VOaCBAWWv6qEpbuNC－tQglKUNoRcfmaBDPgLrEmz9hSIPMxqEoQPemnKATK

2. 儿歌、故事、歌曲等相关资料

（1）儿歌：

玉 米

玉米杆，像妈妈，怀里揣着胖娃娃。

胖娃娃，金头发，一笑露出小牙牙。

秋天唱起丰收曲，蹦蹦跳跳进农家。

（2）歌曲：《秋天多么美》。

3. 家长、社会资源

带幼儿进行农作物采摘。

主题目标

幼儿所能获得的

1. 能够利用多种游戏材料进行创作。

2. 当众进行讲述，增强自信心。

3. 对工具材料使用的熟练度有所提高。

4. 了解农作物的生长环境。

5. 知道农民伯伯劳动的辛苦。

6. 喜欢参加动手制作活动，并能感到快乐。

7. 能够大胆想象并尝试。

8. 养成良好的收拾、整理习惯。

教师所能获得的

1. 了解本班幼儿的年龄特点及发展水平。

2. 在主题活动进行中不断学习，转变教育观念。

3. 通过创设适宜的环境，引导幼儿主动参与活动的能力。

4. 在活动进行中，学会倾听、等待、反思。

家长所能获得的

1. 了解幼儿的发展水平。

2. 增强亲子间的互动。

3. 了解幼儿在园活动情况。

4. 知道如何肯定幼儿的作品。

主题进行

游戏一

游戏名称：找到它们

物质准备：田地里成熟的花生和白薯

猜想计划：

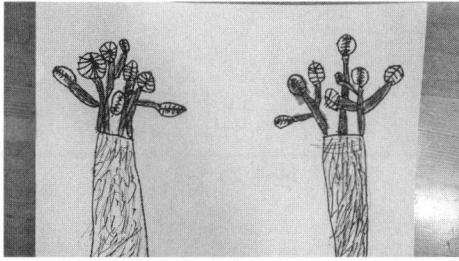

花生有可能长在树上。

白薯一半在地上、一半在地里。

白薯像西瓜一样在地上滚。

花生和白薯都长在地下。

出游计划：

我计划带的食物可丰富了。

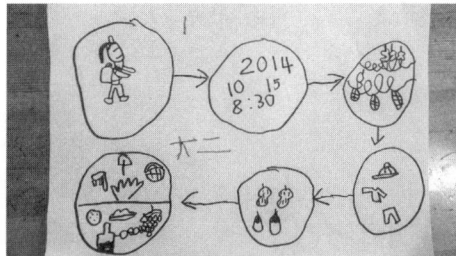

看我的秋游计划多详细。

快乐游戏：

我快数数我拔出来了几颗花生。

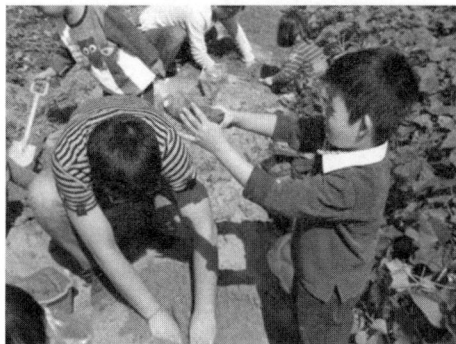

我比一比谁挖的白薯大！

活动反思

第一步：执教老师反思

在活动开始前，教师鼓励幼儿大胆想象农作物的生长环境，对于幼儿给出的五花八门的答案，教师并没有直接指正，而是引导幼儿带着问题进行实践尝试，极大地鼓舞了幼儿参与活动的积极性。

第二步：班级教师沟通

教师1：在幼儿进行采摘活动时，可以引导他们大胆想象一下农作物的外形像什么，为下一步的活动做准备。

教师2：在活动现场可以鼓励幼儿用挖出来的农作物进行拼摆，鼓励幼儿参与的兴趣。

教师3：还可以创造条件让幼儿尝一尝，运用多种感官进行感知。

游戏二

游戏名称：百变大白薯

物质准备：各种性质的材料、幼儿收集的白薯

创作过程：

咱们三个做个迷宫吧！

看我的小鱼多漂亮！

作品展示：

我的小鲸鱼在喷水哟！

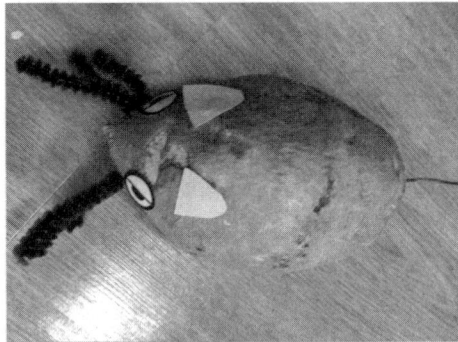

我做的小老鼠可爱不？

活动反思

第一步：执教老师反思

能够根据白薯的外形进行大胆地想象，经过不断地尝试，能够发挥想象力、创造力进行游戏，幼儿参与活动兴趣高。

第二步：班级教师沟通

教师1：幼儿的思维还是没有充分地打开，造型上都是以简单形象为主，还可以激发幼儿大胆进

行尝试的欲望。

教师 2：可以鼓励幼儿进行白薯的组装活动。

教师 3：可以运用小组游戏，发挥幼儿之间的合作意识。

游戏三

游戏名称：神奇的白薯画

物质准备：切开的白薯、碘酒

创作过程：

我们蘸上碘酒，在白薯上画画。

看我画的小太阳多漂亮！

作品展示：

咦，怎么变颜色了？

我们几个人的画连在一起，就是狮子座。

活动反思

第一步：执教老师反思

游戏符合幼儿爱探索、爱实践的天性，他们参与活动的积极性较高。

第二步：班级教师沟通

教师 1：在活动前应该引导幼儿充分地进行思考，想清楚自己想要完成的结果。

教师 2：幼儿的兴趣点在于感知发生反应的过程，看到别人的作品有了变化就迫不及待地进行尝试，造型都较为简单。

教师 3：在活动中培养良好的生活习惯也很重要，幼儿将不要的废弃物随手乱扔，扔得到处都是，应该给他们创设收放垃圾的环境，在桌子上摆放小垃圾桶。

游戏四

游戏名称：神奇的白薯印章

物质准备：切好的小块白薯、刀、印台

制作步骤：

先将白薯的皮去掉。

将白薯刻成图案。

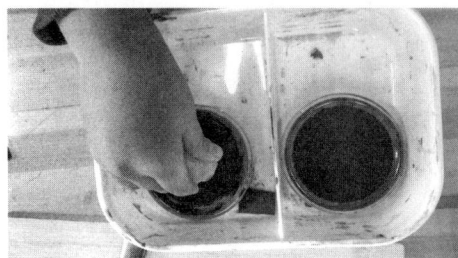

蘸上印油。

印在纸上。

创作过程：

这些都是我们刻的。

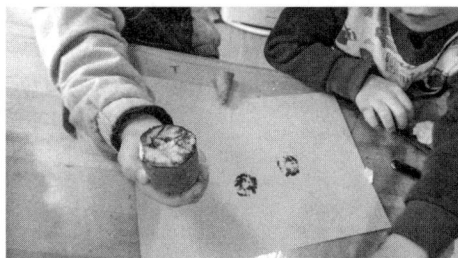

看我印得多漂亮啊！

作品展示：

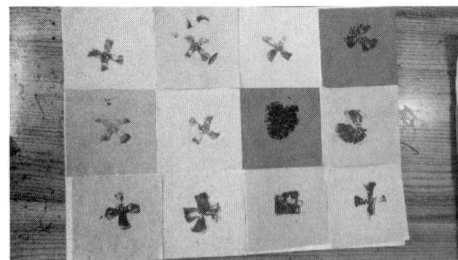

看，我的格子多漂亮啊！

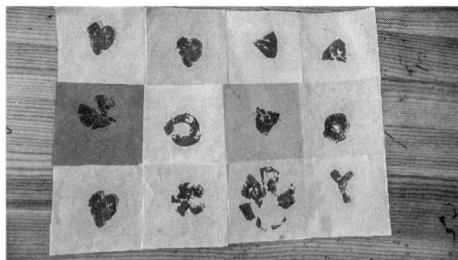

我的可以当成一块桌布了。

活动反思

第一步：执教老师反思

活动很成功，幼儿特别喜欢尝试，能够积极地用自己的方式进行活动，还能够结合色彩知识"波普艺术"进行游戏。

第二步：班级教师沟通

教师1：在活动的过程中，刚开始幼儿都是用小刀，工具较为危险。后来经过尝试直接用刮画笔进行游戏，效果很好，选择合适的游戏材料还是比较重要的。

教师2：幼儿能够主动结合波普艺术风格进行游戏，比较好。可以鼓励幼儿大胆进行造型设计。

游戏五

游戏名称：有趣的拓印添画

物质准备：白薯、刻刀、刮画笔、印章、油画棒、白纸

创作过程：

看我的星星印章多厉害！

我刻得圆形印章好像大苹果呀！

作品展示：

小女孩去摘大苹果。

小蝴蝶来采花蜜。

活动反思

第一步：执教老师反思

本次活动设计得较为有意思，幼儿参与的积极性较高。能够充分地利用自己制作的印章进行添画，体现了幼儿的创造性。

第二步：班级教师沟通

教师1：在活动前应该引导幼儿充分地进行思考，想清楚自己想要完成的图案是什么。

教师2：能够根据制作的印章外形进行游戏，可以考虑让幼儿丰富印章的花纹。

教师3：幼儿在本次活动中运用工具比较熟练，在使用工具的熟练度上，可以将游戏内容放在美工区进行游戏。

游戏六

游戏名称：白薯片变变变

物质准备：家长为幼儿准备的白薯片、记号笔、双面胶、白纸

创作过程：

我要用白薯片做个月亮。

白薯片真好玩！

瞧，我们画得多认真！

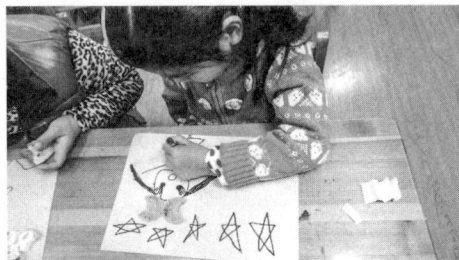

我的白薯片变身成蝴蝶结啦！

我要好好想想，我要做个和
别人不一样的作品。

这两块白薯片能组合成什么呢？

作品展示：

看看我的小蝴蝶多么美！

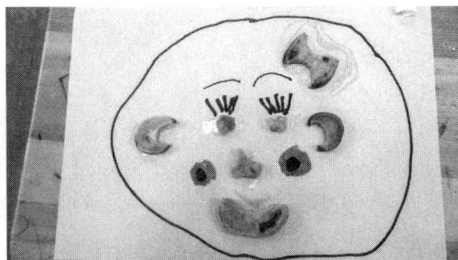

白薯片小笑脸

啦啦啦，我们的生活多么美！

可别偷吃我的小花呀！

我的小车跑得快！

小女孩提着大灯笼。

活动反思

第一步：执教老师反思

本次活动设计得较为有意思，幼儿参与的积极性较高。在活动前的准备方面，充分地发挥了家长的作用，家长们积极地为幼儿准备材料。这种活动形式幼儿感觉很有意思，参与活动的兴趣浓厚。幼儿的作品非常有创意，有的用白薯片当小花瓣，有的当小女孩的蝴蝶结，还有的当汽车轱辘，活动效果很好。

第二步：班级教师沟通

教师1：白薯片最好是让幼儿在家里先咬出形状，在班里进行这一环节不利于卫生保健。

教师2：可以为幼儿准备充足的操作材料，引导幼儿在与材料的互动中获得游戏经验。

教师3：幼儿比较喜欢这一类的游戏方式，可以将这一内容继续投放到美工区进行。

游戏七

游戏名称：有趣的种子粘贴画

物质准备：幼儿收集的各种豆米、乳胶、铅笔、彩色纸

创作过程：

先在纸上用铅笔画好轮廓。

然后就可以抹胶，粘豆子了。

作品展示：

长头发的小姑娘在跳舞。

我用豆米粘了一座小房子。

活动反思

第一步：执教老师反思

能够利用种子的特征进行粘贴。在塑造作品的形象方面，充分发挥幼儿的想象力。在工具的使用上，部分幼儿选择使用双面胶。但教师没有直接否定幼儿的行为，经过尝试，他们选择了比较适合的乳胶，达到了理想的效果。

第二步：班级教师沟通

教师1：在活动前应该引导幼儿充分地进行思考，想清楚自己要创作的造型。

教师2：在作品的饱和度方面，部分幼儿的布局较为靠下。经过教师的指导，棉花充当天上的白云，整体作品较为协调，在今后的活动中应该重点指导幼儿的布局。

教师3：幼儿在本次活动中运用工具比较熟练，可以将游戏内容放在美工区继续游戏。

游戏八

游戏名称：有趣的棉花画

物质准备：棉花、胶棒、记号笔、油画棒、白纸

创作过程：

棉花可以这样摆。

我要摆一个小白兔。

作品展示：

小狗一家在一起。

两只小蝴蝶在天上飞。

活动反思

第一步：执教老师反思

能够利用棉花进行粘贴，在塑造作品的形象方面充分发挥幼儿的想象力。在工具的使用方面，部分幼儿选择使用双面胶，但教师没有直接否定幼儿的行为，经过尝试，他们选择了比较适合的胶棒，达到了理想的效果。

第二步：班级教师沟通

教师1：在上一次活动中，个别幼儿使用了棉花进行点缀引起了幼儿的兴趣，本节课将棉花作为操作材料，幼儿比较熟悉材料。

教师2：幼儿参与活动很专注，在前几节课的基础上，幼儿的想象力更加丰富，也能更加大胆地进行尝试。

教师3：幼儿在本次活动中运用工具比较熟练，可以将游戏内容放在美工区进行。

游戏九

游戏名称：好玩的玉米皮

物质准备：玉米皮、胶棒、记号笔、油画棒、毛根、丝带、绳子

创作过程：

我做的大狮子可真威风呀！

我用玉米皮编的麻花辫，多可爱！

我要给小公主做个漂亮的裙子。

玉米花美不美呀？

作品展示：

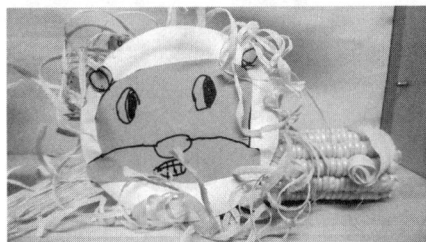

好威风的大狮子！

怒放的玉米皮鲜花！

美丽的公主

帅气的王子

活动反思

第一步：执教老师反思

在刚开始接触操作材料时，大多数幼儿都是用剪刀将玉米皮剪成自己所需要的形状进行粘贴，没有充分发挥玉米皮的特点。教师故意在幼儿面前一条条地撕开玉米皮的行为一下子激发了幼儿的想象力，之后他们进行了大胆地尝试，创作出许多立体造型的作品。

第二步：班级教师沟通

教师1：能够运用玉米皮的特征进行游戏。

教师2：幼儿参与活动很专注，在前几节课的基础上，想象力更加丰富，能大胆地进行尝试。

教师3：幼儿刚开始都是制作一些平面的作品，经过教师的指导，作品由平面的转为立体的，创作的形式更加丰富。

游戏十

游戏名称：爆米花变变变

物质准备：爆米花、胶棒、记号笔、油画棒、白纸

创作过程：

我把爆米花摆成了小花。

我画的是两个小朋友。

作品展示：

爆米花变成了小水母。

爆米花变成了小鱼身上的鱼鳞。

我把它变成了魔法棒和小兔子。

爆米花变成了小姑娘的脸。

活动反思

第一步：执教老师反思

在活动中，大多数幼儿还是能够根据操作材料的特点进行游戏的，例如小鱼的身体、魔法棒上面的宝石，还有小花心、小水母的身体。但是也有牵强使用材料的现象，教师应在活动前进行充分地引导，发挥幼儿的想象力。

第二步：班级教师沟通

教师1：在发挥幼儿的想象力方面还可以调动得更加充分。

教师2：幼儿参与活动很专注。

教师3：幼儿刚开始都是制作一些平面的作品，经过教师的指导，作品由平面转为立体，创作的形式更加丰富。

游戏十一

游戏名称：好玩的玉米芯

物质准备：玉米芯、毛根、彩色羽毛、瓶盖

创作过程：

我要做条小鱼。

我们在做战斗机。

作品展示：

坦克

小蝴蝶

小老鼠

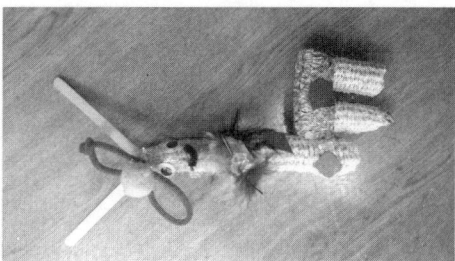

长颈鹿

活动反思

第一步：执教老师反思

在本次活动中，幼儿参与活动的兴趣浓厚。刚开始活动时，大多数幼儿直接在一根玉米芯上面粘贴辅助材料。后来，在教师有意的引导下，他们能够进行合作，用玉米芯组合造型。还能够根据作品，选择相应的辅助材料进行装饰，很好！

第二步：班级教师沟通

教师1：在本次活动中，幼儿能够发挥小组合作的方式进行游戏，很好。

教师2：幼儿参与活动很专注，在前几节课的基础上，想象力更加丰富，能大胆尝试。

教师3：幼儿在造型的过程中，愿意尝试使用不同的材料进行游戏。

游戏十二

游戏名称：花生粘贴画

物质准备：完整的花生、双面胶、线描笔、白纸

创作过程：

我给自己的作品涂上颜色。

我把花生变成了小猴和小鸟的身体。

作品展示：

我的花生变成了小动物的身体。

花生变成了新疆女孩的动物布偶。

活动反思

第一步：执教老师反思

在活动中，大多数幼儿还是能够根据操作材料的特点进行游戏的，例如小动物的身体，但是也有牵强使用材料的现象，教师应在活动前进行充分地引导，发挥幼儿的想象力。

第二步：班级教师沟通

教师1：应该鼓励幼儿创造性地使用游戏材料。

教师2：能够根据游戏需要，将花生剥开，运用花生米进行游戏，此行为得到很多幼儿的关注，可以将花生米作为活动的延续。

教师3：幼儿在造型过程中，能够更加大胆，愿意尝试使用材料创造性地进行游戏。

游戏十三

游戏名称：好玩的花生米

物质准备：花生米、粘好的即时贴、油画棒、彩色纸

创作过程：

我要做个小船焰火。

我的焰火是春天的花。

作品展示：

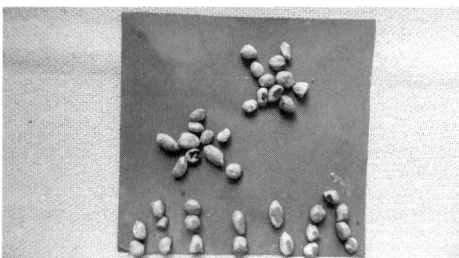

小焰火飞上天啦！

夜空中开了一朵大花。

活动反思

第一步：执教老师反思

本次活动是继"有趣的花生"的延续，对于操作材料幼儿很熟悉，游戏兴趣较为浓厚。在感受与欣赏环节中，欣赏了烟花的美丽。所以本次活动用花生米展现烟花的绚丽，使幼儿活动得较为专注。

第二步：班级教师沟通

教师1：本次活动是建立在充分感知的基础上，幼儿能够运用花生米进行大胆创作。

教师2：本次活动是继上次主题活动的延续，幼儿游戏情趣浓厚。

教师3：幼儿在造型的过程中，能够更加大胆，愿意尝试创造性地使用材料进行游戏。

主题总结

1. 幼儿

幼儿通过这个主题活动在想象力和创造力方面得到了一定提高。在动手制作方面能够根据材料的主要特征去大胆表现，还能够将自己的游戏需要向教师提出来。在游戏的过程中，能够体现合作的游戏技能，还能够创造性地使用辅助材料，游戏能力得到很大的提高。

2. 教师

教师能够尊重幼儿的想法，根据幼儿的想法和兴趣开展丰富多彩的主题活动。在活动中的观察能

力也得到了一定的提高。还能够在活动中，根据幼儿的游戏需要，随时调整活动内容及目标，满足幼儿的发展需要。

3. 家长

家长在教育理念方面有了一定的提高，不再以成人的想法左右幼儿，对于幼儿的兴趣和活动也能给予一定的支持，能够根据幼儿的游戏需要亲自加入到游戏中去。

七、冬天的节日

主题名称

冬天的节日

主题由来

天气渐渐变冷，幼儿外出活动时发现了落叶，幼儿对冬天的到来有了初步的感知。对他们来说寒冷的冬天太神奇了，他们想揭开冬天的面纱，他们对冬天渴望探索更多的知识。如：他们会问："冬天里会有哪些节日""冬天为什么会很冷""冬天为什么会下雪""门窗上为什么要贴窗花"……还有的幼儿说："冬天冷水会结冰，我们可以滑冰玩。冬天下雪，我们可以堆雪人。冬天冷就不会有蚊子，不会被蚊子咬了。"结合幼儿对冬天所产生的神秘感和已了解的知识内容，我们开展了主题活动——冬天的节日。借此，让幼儿对冬天有更全面的认识，揭开冬天的秘密。

主题前例会

第一部分：班级教师集体备课——先行玩起来

教师 1：冬天有圣诞节和新年，我们可以制定节日的计划。

教师 2：可以制作点鞭炮，写写对联，还可以冻点冰花。

教师 3：可以剪些窗花，还可以表演节目，演出。

第二部分：和幼儿、家长共同来讨论，编织"游宝图"（即"主题网络图"）

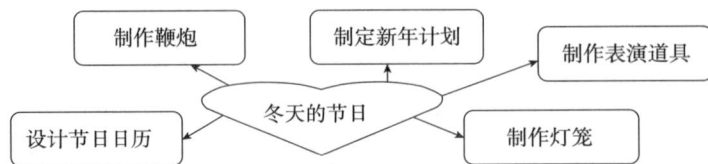

```
制作鞭炮        制定新年计划
                              制作表演道具
        冬天的节日
设计节日日历                   制作灯笼
```

第三部分：班级教师集体备课——可利用的资源

故事：《狐狸的冬日冒险》

主题目标

幼儿所能获得的

1. 能在活动中安定情绪，愉快地进行游戏。

2. 愿意当众表达，表达时自然、从容、自信。

3. 愿意和同伴一起交流、分享自己知道的信息。

4. 提高做事的计划性。

5. 能用绘画的方式记录自己的所知、所想。

6. 体验与同伴交流、分享的快乐。

7. 能够按照计划开展活动。

教师所能获得的

1. 在主题活动进行中不断学习，转变教育观念。

2. 通过创设适宜的环境，引导幼儿主动参与活动的能力。

3. 在活动进行中，学会倾听、等待、反思。

家长所能获得的

1. 体验节日的快乐。

2. 感受浓烈的节日氛围。

主题进行

游戏一

游戏名称：设计我的日历表

物质准备：表格纸、水彩笔

创作过程：

我知道12月25日是圣诞节。

12月3日是世界残疾人日。

作品展示：

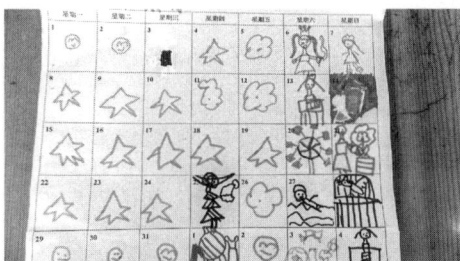

周末我要去游乐园！

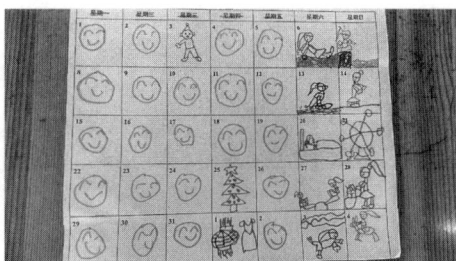

我每天都要高高兴兴地来幼儿园。

活动反思

第一步：执教老师反思

幼儿自己设计了日历表，比如：周一到周五每天都要高高兴兴地来幼儿园，周末的时候要去游乐园；圣诞节的时候想要收到礼物；新年的时候要挂上灯笼等，很有自己的想法。

第二步：班级教师沟通

教师1：本次活动幼儿很感兴趣，边绘画、边讨论着。我们还可以针对新年活动制定计划，让幼儿树立做事要有计划性意识。

教师2：活动后，可以请幼儿一一介绍一下自己设计的日历。

教师3：也可以将幼儿的作品进行展示或订成书，幼儿间互相交流。

游戏二

游戏名称：我们的节日计划

物质准备：白纸、油画棒、线描笔、水彩笔

创作过程：

我想用各种装饰品来布置教室。

我想给班里挂上鞭炮。

作品展示：

联欢会的游戏中，我要得一等奖！

小朋友们一起在台上表演。

活动反思

第一步：执教老师反思

幼儿能够在活动中大胆设想计划，边设想、边与别的小朋友进行交流。他们能够用绘画的方式大胆地表现自己的所知、所想。

第二步：班级教师沟通

教师1：本次活动幼儿很感兴趣，都有自己的见解和想法。绘画作品中的偶然性，是他们绘画的亮点，是另一种味道的甜美，也是最值得欣赏的。

教师2：计划制定了，还要有一定的执行力，让幼儿能够按照自己的计划去实现各种想法。

教师3：将幼儿的作品展示出来，他们会有一种成就感。

游戏三

游戏名称：设计节日宫灯

物质准备：彩色纸、双面胶、剪刀、订书器

创作过程：

我们来做灯笼的灯面吧！

我要用订书器订一下，这样才结实。

我们要给灯笼上贴上漂亮的装饰。

你看，贴上剪纸作品是不是更美了？

作品展示：

看，我们的大灯笼多漂亮啊！

这个灯笼是我做的。

活动反思

第一步：执教老师反思

本次活动幼儿非常地投入，表现出极高的制作兴趣，因为这是幼儿第一次用这样的方式制作灯笼，并且在制作后还用图案进行了简单的装饰。当把灯笼悬挂在班级中的时候，幼儿非常有成就感，纷纷指着说"这是我做的灯笼""我的灯笼在那"等。

第二步：班级教师沟通

教师1：在颜色的搭配上可以更有规律性，而不是像现在这样比较随意。幼儿的剪纸花纹样式也可以再丰富些，比如可以有一个小主题。

教师2：本次活动中，当幼儿尝试了不干胶不容易粘住的时候，选择了新的工具订书器，其实幼儿的能力就是在不断地尝试和解决问题中提高的。

教师3：幼儿之间出现了合作，我们应该鼓励幼儿共同制作，体验合作的乐趣。

游戏四

游戏名称：制作灯笼

物质准备：双面胶、红色纸、纸杯、颜料、笔刷、剪刀

创作过程：

把纸剪开。

粘成一个纸卷。

把纸杯围拢在一起。

刷上颜色。

把纸卷成一个大圆筒。

把纸杯剪开。

作品展示：

剪纸灯笼

纸桶灯笼

纸杯灯笼

纸杯花灯笼

活动反思

第一步：执教老师反思

幼儿在和材料游戏中尝试出了很多有趣的玩法。每当幼儿有更好的创意时，都会吸引周围的小朋友围观。在游戏中幼儿的自由发挥，得到了意想不到的效果。

第二步：班级教师沟通

教师1：本次活动进行得很顺利。幼儿对制作灯笼有着极大的兴趣，但是他们制作的作品都是以前曾经做过的，我们下次活动要丰富相关的游戏经验。

教师2：在本次活动中，因为有的幼儿首先制作了剪纸灯笼，引起了大部分幼儿争相模仿。活动后可以分享小组的制作方法，幼儿之间能够相互学习。

教师3：也可以发挥合作的作用，鼓励幼儿共同制作，体验合作的乐趣。

游戏五

游戏名称：制作拉花

物质准备：彩色纸、剪刀、胶棒

创作过程：

把纸剪开。

把剪好的纸打开。

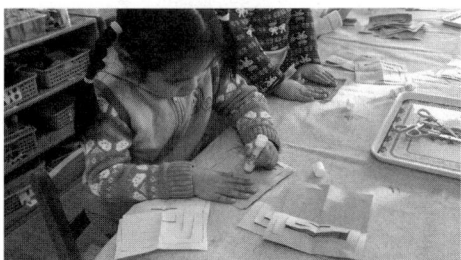

把它们粘在一起。

粘好后拉开，拉花就做好了！

作品展示：

看我的拉花多长啊！

我们用拉花布置教室。

活动反思

第一步：执教老师反思

为了让幼儿真真切切地感受到节日的临近，也为了营造出一点节日气氛，我和幼儿一起制作了拉花。拉花做成了，幼儿体验到了成功的喜悦。尤其是我们将一组组的拉花粘贴在一起后，越走越远，越扯越长，幼儿的笑声也越来越清脆，越来越响亮。

第二步：班级教师沟通

教师1：幼儿在制作的时候都非常地快乐，而且在操作的过程中，不断地探索胶粘贴的位置，让自己的拉花不断掉。

教师2：在本次活动中，可以感受到幼儿很快乐，并且非常有制作的愿望，剪完一个还想剪一个等。

教师3：同时幼儿在制作的时候，也是不断地寻找规律，怎样可以把拉花做得更长。经过探索，他们发现和剪的纸条粗细有关，同一张纸，纸条越细，就可以做出更多的花环，拉花就会越长。

游戏六

游戏名称：新年爆竹

物质准备：红纸、金纸、剪刀、胶棒、麻绳、毛笔、调色盘

创作过程：

卷好纸筒，贴上金边。

用剪纸装饰爆竹。

用毛笔写上"福"字。

做好的爆竹用麻绳穿成一串。

作品展示：

看，我们的爆竹多喜庆！

我们用毛笔写的祝福语。

活动反思

第一步：执教老师反思

活动中，教师向幼儿讲解了鞭炮的由来和过年燃放鞭炮的历史习俗，加深了幼儿对中国传统文化的认识和了解。通过本次活动，教师引导幼儿通过卷、粘贴等方法一起制作红红的喜庆鞭炮，幼儿体验到自己动手制作的快乐，感受到了民族传统节日的喜庆。

第二步：班级教师沟通

教师1：幼儿能够用不同的形式制作鞭炮，表现出对活动的极大热情。同时，幼儿能够尝试用不同的方法穿鞭炮、固定鞭炮。

教师2：愿意写的幼儿还在红纸上写上了新年的祝福，我们还可以为幼儿提供更多、更大的纸张，满足幼儿的书写愿望。

教师3：也可以发挥合作的作用，鼓励幼儿共同制作，体验合作的乐趣。

游戏七

游戏名称：制作表演头饰

物质准备：白纸、彩色笔、胶棒、剪刀、装饰亮片

创作过程：

我们要做个漂亮的王冠！

我的狮王王冠多威风呀！

我的狮后王冠都快做好啦！

我要往王冠上多放一些宝石。

作品展示：

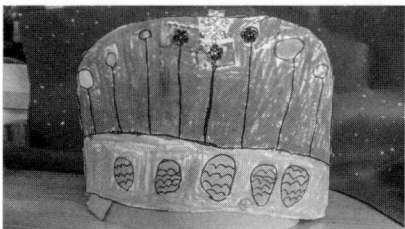

戴上我的王冠演出，该多威风呀！

我王冠上的宝石多大呀！

活动反思

第一步：执教老师反思

从幼儿的作品就可以看出美术是表达自己内心世界的一种工具，幼儿的许多想法与现实都有很大的距离，但美术可以使他们把自己的想象、愿望变成可见的作品表达出来。尤其是绘画，更是幼儿表达自己对周围事物的感受和内心意愿的最主要方式之一，幼儿都愿意用绘画的方式来表达自己的所见、所想、所感。

第二步：班级教师沟通

教师1：在王冠的样式上还可以有创新，比如可以设计成发卡的样子等。同时，能够看出男孩与女孩设计时的区别。

教师2：绘画后，幼儿能够选择一些辅助材料进行装饰，让自己的王冠变得更漂亮，如：亮片、羽毛等。

教师3：幼儿都希望把自己的王冠设计成最漂亮的，特别是女孩子比较突出。

游戏八

游戏名称：制作披风

物质准备：胶棒、彩纸、双面胶、布、塑料袋、小剪刀、皱纹纸

创作过程：

我们做的小斗篷一定很帅！   我们的斗篷要配红色的。

作品展示：

我的小斗篷都是红   我的斗篷上面都是五颜
色的剪纸。   六色的小花。

活动反思

第一步：执教老师反思

幼儿对活动非常感兴趣，愿意设计自己的披风。同时，我也感觉到展示作品重现交流，以体现深

层次发展的重要性。只有走进幼儿的心灵，才能发现幼儿的需要，才能引发幼儿创造的潜能，教育才有效。而展示交流是最直接的方法，它可以帮助幼儿取长补短，学习借鉴，求新求异，促进创造思维的发展。

第二步：班级教师沟通

教师1：本次活动的形式很好，制作幼儿自己需要的道具。但是在材料的选择上，可以再斟酌一下，比如什么材料容易在布上进行装饰等。

教师2：我觉得还可以引导幼儿继续丰富披风的样式，现在感觉美感体现得不是很充分，只是一种材料，缺乏美感。

教师3：这种分享的方式非常好，因为介绍作品的过程，也是一个不断思考再创作的过程，你会发现别人的长处和发展的可能性。

主题总结

1. 幼儿

在整个活动中，幼儿做事情的计划性提高了。计划制定后，能够立即付诸实践。在遇到困难时，幼儿能够自己想办法解决问题，战胜困难。同时，动手能力也有所增强。幼儿制作有规律的拉花，感知物体排列的次序规律来布置我们的教室，感受新年喜庆、热闹的气氛。同时知道自己又长大了一岁，在新的一年中会有更大的进步，并学习了《新年祝福》的儿歌，简单地了解了一些中国新年的传统文化。

2. 教师

在整个主题活动中，我们感知冬天的特征，感受冬天的寒冷与欢乐，体验节日的快乐，既锻炼了幼儿的意志，也增强幼儿对冬季寒冷气候的适应能力。在各种活动中，幼儿尝试着运用各种感官充分地感知冬天，大胆运用自己喜欢的方式表达热爱大自然的情感，幼儿的能力有了长足的进步和提高。但是，由于时间关系和我们的精力有限，在活动中，虽然感觉有很多预设的内容有些偏离了主题，但是也没能更深入地探究并生成活动。

3. 家长

家长在教育理念方面有了一定的提高，家长们意识到无论计划实施情况如何，这只是幼儿成长过程中的一步，这一步只不过是计划能力培养过程中的一个片段而已。但如何对待，则会对幼儿的心理和品格养成打下印记。如果完成了计划，让幼儿回顾一下过程和心理感受。过分地夸奖"你真棒"，可能会让幼儿为了维持在父母心目中良好的自我形象而回避挑战。如果没有完成计划，让幼儿说说当时为什么会这样，还可以怎么样，帮他梳理出解决的途径和方法。

八、好玩的盒子

主题名称

好玩的盒子

主题由来

过年的时候，孩子们发现了很多漂亮的包装盒。有的孩子还自己收集了很多各式各样的漂亮盒子，而且还用丝带或者亮片和纽扣等饰品给盒子装饰起来，里面放上自己喜欢的宝贝。由此我们开展了有关纸盒的主题活动。

主题前例会

第一部分：班级教师集体备课——先行玩起来

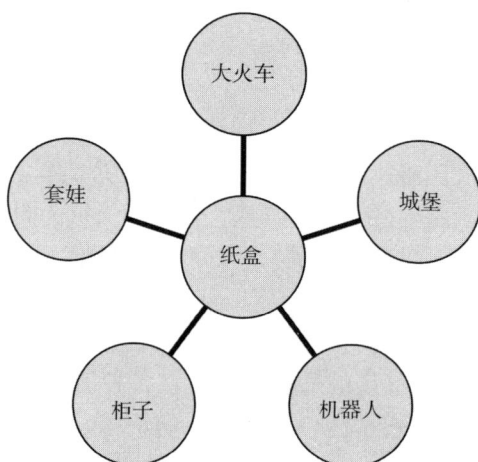

大火车

套娃　城堡

纸盒

柜子　机器人

第二部分：和幼儿、家长共同来讨论，编织"游宝图"（即"主题网络图"）

教师应想方设法调动幼儿运用多种感官去摸、看、闻、听的积极性，促使幼儿开动脑筋，使自己能够置身于一个立体多维的空间，为幼儿发挥想象力奠定感知基础。

第一步：幼儿摆弄、操作材料

第二步：共同讨论

教师1：对纸盒的游戏基本上都是搭建、叠放和组合造型，我们可以为幼儿提供胶类物品让他们自己去组合形象。

教师2：幼儿还可以用纸盒搭建城墙、金字塔类的大型"建筑"，我们可以为幼儿提供颜料。

教师3：最后我们可以把幼儿的作品都放到一起。幼儿为它们编一些故事，在里面游戏。

教师2：可以用幼儿装饰的单个盒子来布置班里的环境。

教师1：而且相同样式的盒子，还可以做成户外可以游戏的体育器材。

第三步：与家长讨论

家长1：可以让孩子们用这些盒子进行拼摆组装游戏。

家长2：对，还可以运用一些材料，比如说胶带等，把孩子们组装的东西制作出来。

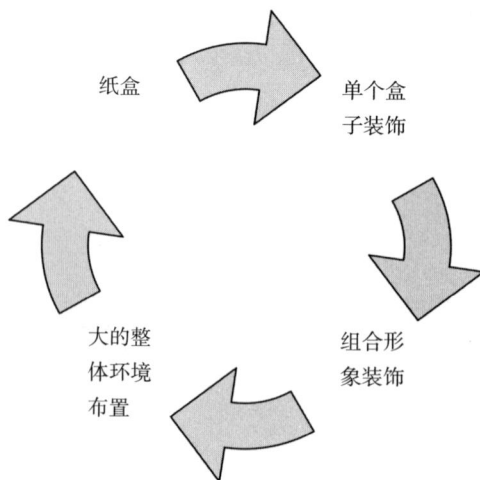

纸盒　单个盒子装饰

大的整体环境布置　组合形象装饰

家长3：还可以在盒子上绘画图案、涂色等。

教师1：嗯，是啊，你们的想法真好！我相信孩子们会玩得很高兴！

第三部分：班级教师集体备课——可利用的资源

1. 主题相关的背景知识

纸盒是一个立体的造型，它是由若干个面组成的，可以移动、堆积、折叠、包围。由于纸盒的造型和结构设计往往要由被包装商品的形状特点来确定，故其式样和类型很多，有长方形、正方形、多边型、异型纸盒、圆筒形等。但其制造工艺过程基本相同，即选择材料——设计图标——制造模板——冲压——接合成盒。原料是纸浆，一般瓦楞纸，多用来装盛物品，可回收。

2. 相关链接

（1）幼儿园纸盒创意图片：

http：//image. haosou. com/i？src＝360pic ＿ normal＆q

（2）幼儿手工制作小沙发：

http：//data. 06abc. com/20080316/18747. html

（3）儿童 DIY 手工制作小房子：

http：//ertong. rouding. com/diy/115923. html

（4）纸盒变火车：

http：//www. baobao88. com/bbka/rcwp/05/1318345. html

3. 家园配合

（1）鼓励家长参与幼儿的纸盒游戏。

（2）家长鼓励幼儿发现不同的新玩法。

主题目标

幼儿所能获得的

1. 在玩纸盒的过程中，获得愉快的情绪体验。

2. 愿意与他人分享自己的成果。

3. 喜欢探索纸盒的多种玩法，在游戏中能够与他人友好地合作和交流。

4. 能够尝试自主选择利用多种材料进行大胆地修改、添加、组合、设计和制作美术作品，富有个性地表达自己的想法。

5. 能够正确使用各种工具材料，养成分类、整理的好习惯。

6. 初步形成用艺术手段大胆进行自我表现的习惯。

7. 通过和纸盒互动，想象力和创造力得到发展。

教师所能获得的

1. 了解幼儿对主题的兴趣点，构建下一步主题活动内容。

2. 了解在盒子创作时材料以及工具的适宜性要提前尝试，避免幼儿在活动过程中出现问题。

家长所能获得的

1. 在和幼儿游戏的同时，增进亲子间的感情。

2. 与幼儿感受一起收集和制作物品的快乐。

游戏一

游戏名称：好玩的纸盒

物质准备：各式各样的盒子

创作过程：

我来选自己喜欢的盒子。

我们在商量怎么搭盒子。

作品展示：

这是航空母舰。

小小梳妆台

活动反思

第一步：执教老师反思

活动中，给幼儿提供的物质帮助有些欠缺，有些幼儿想要更大或者更小一点的盒子，但是没有达到幼儿的理想效果，甚至有些幼儿想利用胶带粘合、连接，我并没有准备。

第二步：班级教师沟通

教师 1：在本次活动中，我觉得幼儿非常喜欢与盒子做游戏，漂亮的盒子引起了他们的注意，所以有的制作了一个美丽的梳妆台。

教师 2：在本次活动中，男孩子们运用盒子制作自己喜欢的航空母舰和坦克等作品，他们觉得非常开心！

教师 3：还可以用幼儿制作的作品，进行细致地游戏。

游戏二

游戏名称：借盒造型

物质准备：各式各样的盒子、胶带、剪刀

创作过程：

我用剪刀来帮忙。

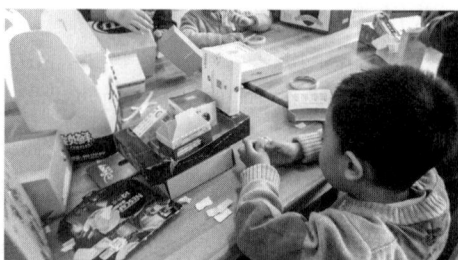

用胶带把盒子固定住。

作品展示：

无敌坦克

机器人

活动反思

第一步：执教老师反思

活动中，物质准备比较充分，使幼儿的想象力得到了充分地发挥，但是盒子的造型还是有些雷同，制作出来的作品应具有一些意义。如：帮助人类打扫卫生的机器人等。

第二步：班级教师沟通

教师1：在本次活动中，我觉得幼儿可以利用盒子造型，做出不同的事物挺好的，发挥了他们的想象力。

教师2：在本次活动中，幼儿还与好友进行合作，一同把作品完成，符合大班的年龄特点。

教师3：我觉得不仅可以利用盒子创作物品，还可以画画。

游戏三

游戏名称：有趣的纸盒画

物质准备：盒子、油画棒、线描笔

创作过程：

看我画得多认真啊！

我在盒子上画了一只小兔子。

作品展示：

森林运动会马上就要开始了。

狮王进行曲

活动反思

第一步：执教老师反思

我觉得在这次活动中，只是用油画棒突出了盒子画，其实还可以为幼儿提供颜料，提升幼儿的想象力与创造力，创作出更美的作品。

第二步：班级教师沟通

教师1：在本次活动中，可以看出幼儿很喜欢在盒子上画画，画的动物好多好多，我们班就像一个大的动物园。

教师2：在本次活动中，可以把幼儿的画连起来，请他们讲讲有关小动物的故事。

教师3：我觉得还可以再进行合作的制作，可以几个人或者是全班做一个作品。

游戏四

游戏名称：神秘机器人

物质准备：酸奶盒、透明胶带、剪刀、两面贴

创作过程：

我们几个人做的是小机器人。

我们在做机器人的大腿。

我们做的是机器人的头。

将身体和腿组合在一起。

作品展示：

我们的大机器人

我们的小机器人

活动反思

第一步：执教老师反思

活动中，只用了酸奶盒制作机器人，有点限制了幼儿的想象力，其实还可以用其他形状的盒子制作。

第二步：班级教师沟通

教师1：在本次活动中，幼儿对一起完成机器人的制作，都很感兴趣，一边制作，还一边想怎样可以把机器人做得更漂亮。

教师2：在本次活动中，突出了幼儿之前的合作意识，他们也显得非常高兴！

教师3：其实还可以制作一些有意义的作品，如：清尘器、防雾霾的机器等。

游戏五

游戏名称：我们的科技园（天空）

物质准备：多种多样的辅助材料、大小不一的盒子

创作过程：

咱们一起做个雾霾净化器吧！

哈哈，我们的宇宙观光飞船一定能挣很多钱！

我们的飞行相机能够拍到很远的景色。

飞行汽车再也不怕堵车啦！

我们来给雾霾净化器装个过滤器。

我们再做个人眼装置，这样我就能看节目了。

作品展示：

我们的侦查小鸟可厉害了！

谁想乘坐我们的宇宙飞船去观光呀？

我们再也不怕雾霾天了！

有了飞行汽车，就再也不会堵车了！

活动反思

第一步：执教老师反思

我觉得在这次活动中，教师只是用语言来扩充幼儿的想象力与创造力，其实可以制作成PPT，播放一些图片或者模型供幼儿参考。

第二步：班级教师沟通

教师1：在本次活动中，我觉得幼儿制作有意义的作品时很开心，甚至有的一边制作、一边嘴里还说着："太好了，我们有这个机器，就……"

教师2：在本次活动中，幼儿大胆发挥自己的想象力，运用多种辅助材料进行装饰。

教师3：这是天空的一些机器，其实还可以有地面的。

游戏六

游戏名称：我们的科技园（地面）

物质准备：多种多样的辅助材料、大小不一的盒子

创作过程：

我们的树叶环保器都
需要什么装置呢？

我的自然空调做成功了，人们就
再也不怕冷啦！

我们的变身机做出来后，就不用
妈妈每天给我梳头了。

饭粒吸尘器要是做出来，
老师就不用那么辛苦了。

作品展示：

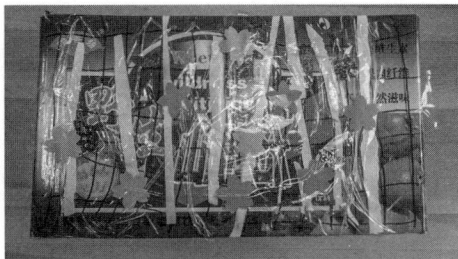

这是我的自然空调器，
是不是很威风？

我的变装器可厉害了，
还能自动变换衣服呢！

活动反思

第一步：执教老师反思

我觉得在这次活动中，教师有些限制了幼儿的发挥，应该让幼儿大胆想象，想做什么就做什么。

第二步：班级教师沟通

教师1：在本次活动中，幼儿再一次感受到了制作有意义机器的快乐。

教师2：在本次活动中，幼儿大胆灵活地运用不同的盒子进行制作，特别棒！

教师3：上次我们一起在盒子上画小动物，其实可以直接用盒子制作小动物。

游戏七

游戏名称：可爱的小动物

物质准备：盒子、胶带、剪刀

创作过程：

这个可以当孔雀的翎毛。

我给你扶着，你来粘。

我们给小白兔刷上漂亮的颜色。

用纸盒可以做只小狗。

作品展示：

我们做的小狗。

可爱的小白兔

我做的孔雀。

可爱的小青蛙

活动反思

第一步：执教老师反思

活动中，开始的时候，说得太快，幼儿没有理解，然后就开始动手制作，导致幼儿操作时有些不太顺畅。

第二步：班级教师沟通

教师1：在本次活动中，幼儿运用盒子大胆制作小动物，而且还给小动物上了颜色，真漂亮。

教师2：有了小动物，还可以用盒子给它们制作漂亮的家。

游戏八

游戏名称：漂亮的房子

物质准备：各式各样的盒子、胶带、剪刀

创作过程：

盒子可以这样摞着做楼房。

我们要搭个城堡。

作品展示：

高高的楼房

尖屋顶的房子

活动反思

第一步：执教老师反思

我觉得在这次活动中，幼儿们玩得非常尽兴，想象力得到了充分的发挥。

第二步：班级教师沟通

教师1：在本次活动中，幼儿运用盒子大胆制作小动物的家，而且还让小动物住在里面，看着真有趣啊！

教师2：在本次活动中，幼儿凭着自己生活经验的积累，运用盒子制作了不同的房子。

教师3：这回小动物们可开心了！

主题总结

1. 幼儿

请幼儿用自己带来的盒子，通过绘画、制作动物、制作机器人等事物，激发幼儿对盒子的兴趣。在此活动中，幼儿自主地选择操作材料，自主地制作自己的作品，非常开心！

2. 教师

教师体验到了幼儿在活动中的快乐，使幼儿在活动中真正地玩起来、动起来、乐起来。

3. 家长

家长为幼儿提供各式各样的盒子，鼓励幼儿发挥想象，制作自己喜欢的作品。